小学二年学級経営 大きな手と小さな手をつないで

学芸みらい教育新書 9

向山洋一

Mukoyama Yoichi

学芸みらい社

まえがき

低学年の授業は実に楽しいものである。そして、実に知性的である。

二年生を初めて担任した時に、私は土曜日に千葉大学で大学生や大学院生を教えていた。百名くらいの大学生、院生、現職教師がいたけれども、小学校二年生を教えるのも、大学四年生を教えるのも、あまり違いを感じていなかった。低学年であろうと、大学生であろうと、どちらも「知性的な授業」には、熱中していた。

本書は学級経営の内容が多いが、授業の場面も多く取り入れている。そのほかには、儀式の演出、会議の原則など、授業とは異なる面も教師としては大切な能力を要求される。そのような能力を身に付けるための原理・原則などにも触れた。

もともと、高学年担任が多かった私に、低学年を受けざるを得ない事態が生じた。出版社から向山洋一の全学年の学級経営の執筆を依頼されたからである。それまでは、一・二年担任は経験がなかった。実践家として、経験していないものを書くわけにはいかなかった。出版編集部の方に「経験するまでお待ちします」とまで言われ、このことが私にとって大きな引き金となった。

そして、一度は経験しなくては、と思っていた一年生担任を申し出た。希望は受け入れられたが、こわごわ足を踏み入れた世界だった。

一年生と初めて出会う前夜、私は三時間しか眠れなかった。何を話せばよいのか、どのように教育をしていけばよいのか、心配だったのである。私の「教師修業」の新しい出立への不安であった。

そして二年、私は十分に素晴らしい日々を送ることができた。「持ち上がりの二年生のクラスでは、教師と子供の関係は実によいものとなる」ということも体験できた。

子供の可能性の素晴らしさを実感した日々であった。と同時に、教師という仕事のおそろしさを実感した日々でもあった。

二学期も終わりに近づいた一一月ごろ、「先生と別れるのがいやだと言ってなくのです」という保護者の便りが寄せられるようになった。こんな子が何人もいたらしい。「向山先生が大好きなのです。主人がやきもちをやいて、『パパとどちらが好き?』と聞くと、子供は困ってしまって、『両方好き』なんて言っているのです。」ということも聞いた。

そして、正月が過ぎ、二月になった。

私は、子供に別れを教えなければならない。私のことを「過去」のことにして、新しい出会いの準備をさせなければならない。

子供のことを、どれだけ愛おしいと思っても、私は自分の心を制御しなければならない。人生には何回もの別れがあることを、でもだからこそすばらしい出会いがあることを、二年生なりに教えていかなければならなかった。

目次

第1章

二年生の出立

1　初めの教材研究

一九八四年、初めて二年生の担任になった。

ボケーと教師生活を過ごしていたら、いつのまにか一七年目ということになり、ベテランということになり、一年から六年までオールラウンド経験者ということになり、輝かしい経歴の持ち主であると本人だけは思うようになってしまったのである。

しかし、二年生担任は初めてなのである。

初めてだから教科書を開いてみた。理科は写真がいっぱいあって楽しかった。どんなことが書いてあるか頭の中でまとめてみた。

まとめたことを一言で言うと、「自然とたわむれなさい」ということなのである（ここらへんは、実に科学的で論理的な要約だ）。「おかみ」の「お達し」では、虫とか花とか土とか草とか、とにかくこの大自然と遊びなさいということなのである。

大自然と遊ぶのは大賛成だけど、学校には小自然しかないので困った。

それでも、とにかく、教室に「ミニ自然」を作ることにした。オタマジャクシ、ザリガニ、金魚、アリ、ヘビ、とにかく何でも飼ってみることにした。

次に社会科を開いてみた。

ここでも、内容を科学的かつ論理的に要約してみた。一言で言うと「はたらく人々」がテーマなのである。私も働いているのだが、こういうのはだめで、「ものを売る人々」「ものを作る人」「ものを運ぶ人」の三つが中心である。

NHKテレビの学校放送テキストを見たら同じであった。

2　初めての学年通信

とりあえず「学年通信」を出そうということになり、ともに二年を担任する西川先生が第一号を書いてくれた。

進級おめでとうございます

先輩となった子供たちはすっかり貫禄がつきました。どんな一年間になるやら、活躍ぶりが楽しみです。

担任一同新たな気持ちでがんばりますので一層のご協力をお願いいたします。学年だより「なあに」を発行しますので「あのね」と同様にかわいがってください。

「あのね、なあに」と、ぴったりの心意気で前進します。

〈あいさつ〉

一組担任　西川満智子

念願かなって私も二年生に進級しました。バンザイ！　子供にも私にも「おめでとう」です。楽しいことがいっぱいの一年間にしたいです。

二組担任　小方シズエ
　ゆとりと充実を目指し初心にかえってがんばるつもりです。よろしくお願いいたします。
三組担任　向山洋一
　荷物を二年三組の教室に運びました。ファイルがいっぱいあって大変でした。が、これで私も二年生です。落ちこぼれないですみました。小方、西川、向山のチームで、またまた仕事ができるのです。楽しい一年間になりそうです。今年度もよろしく。
〈お知らせ〉
一、保護者会は二〇日(金)です。(二四日が二〇日に変更)
　三：〇〇〜三：一〇　全体会　校長あいさつ(体育館)
　三：一五〜四：〇〇　分科会　学級での話し合い(教室)
二、持ち物の記名を一年から二年に直す。
三、ノート類は一年生の時の物をそのまま使用する。
四、ねん土、えのぐ、色えんぴつは、不足を補って持ってくる。
五、算数セットはそのまま持ってくる。

六、体育着、跳びなわを持ってくる。
七、道具袋は、中身をそろえて持ってくる（はさみ、セロテープ、ホチキス、のり、折り紙）。
八、教科書は、七日（土）に配付するので手さげ袋を用意する。

〈行事予定〉

六日（金）始業式　　一八日（水）集金日
七日（土）大そうじ　　一九日（木）全校一斉健診
一〇日（火）給食開始　　二〇日（金）保護者会
一一日（水）歯科検診　　二一日（土）未納金整理日
一三日（金）一年生を迎える集い　　二五日（水）検便、ぎょう虫ピンテープ回収
一六日（月）検尿一次　　二八日（土）校外班編成一斉下校

〈学習予定〉

国語　・ろくべえまってろよ　・ことばのひろば　・いろはにこんぺいとう
社会　・みせではたらく人たち　・かいもののくふう　・かいもののしらべ
算数　・せいりのしかた　・たし算—1
理科　・すなと土　・ヒマワリのたねまき　・芽ばえ

音楽　・バスバスはしる　・ゆかいなまきば　・いろいろなリズム
図工　・ボールあそび　・しんぶんしであそぶ
体育　・並び方　・固定施設　・全力走　・おきかえリレー
道徳　・おはようのおかえし（礼儀）　・なかよし（自他の尊重）

「二年生」になっても頭は、まだ「一年生」のままだ。西川先生は学年通信で報じた。

「頭の中はまだ一年」

一年生から二年生への頭の切り替えがまだできない。

「一年生は、こっちに並びなさい」「ええっ、ちがうよ、二年生だよ!!」と、子供たちから何度もお叱りを受けた。

「なあに」を書くのは、これで二回目だ。一号の時は、校長先生が原稿をチラッと見ただけで「調布大塚小一年」に気が付いて、「おやおや、西川さん、まだ一年生ですか」と言われたので、みんなで大笑いした。

〈お知らせ〉のところに「二、持ち物の記名を一年から二年に直す」とちゃんと書いているのに、何ということだ。

たった今、「なあに」のタイトルを書き終わって見直してみると〈一年〉になっている。しっかりしろと頭をゴッチンとたたいて反省した。ところが嬉しいことに、三号の向山先生が書いた「なあに」を見ると、これも〈調布大塚小一年学年通信〉のままだ。

「オホホホホ、どんなに頭がよくたって私と同じ程度の間違いをするんだぞ」と、嬉しさ余ってニンマリした。

では、大大大先輩の小方先生が書いた二号はどうかな？　ヤッホッホー、やっぱり同じく〈学年通信一年〉である。「どんなに大大大先輩で偉くたって、私と同じ程度の間違いをするんだぞ」と嬉しくてたまらなくなった。〈二年〉で発行したのは私の一号だけである。

3　離任式を美しく演出する

どんな儀式でも、そこは教育の場である。美しく演出しなくてはならない。美しさを壊すのは、多くは教師の長ったらしい話である。あるいは、間のびした演出である。

運営が「きりり」としていることは、それだけで感動である。

四月一四日は、離任式であった。退職・転任の教師・主事は一一名であった。

離任式の司会は私が担当することになった。

新任の教頭が、自分の離任式に出かけたからである。

式の始まる直前、私は校長室に行き、離任される方々に挨拶した。そして、次のようにお願いした。

> おそれいりますが、離任式でのご挨拶をお願いします。
> 中西教頭先生は、二分以内、他の先生方、主事さん方は一分以内ということでお願いします。

一一名の挨拶をいただくのである。

長い挨拶は、子供にとって苦痛だろう。

校長先生が式辞を述べられる。

続いてお別れの挨拶である。基本パターンは次のようになっている。

児童代表がお別れの挨拶を読む。それを受けて先生がお別れの挨拶を言う。花束をわたして握手をする。みんなは拍手をする。

これをくり返すのである。だからだらだらやると、かなりの時間がかかる。

子供たちのお別れの挨拶も、すべて四〇〇字以内ということにしてあった。

私は、結婚式の司会を五〇回以上やったことがある。式の司会は慣れているとも言える。


しかし、この時は、できる限りシンプルにする。よけいなことは、たとえ一言でも言わないということに徹した。間のとり方も、少し早めにした。

この日、挨拶をされた先生は六名。かかった時間は次のとおりである。
A先生　三分　　B先生　二分三〇秒

C先生　二分　　　　　　　　　D先生　一分三〇秒
E先生　五〇秒　　　　　　　　F先生　一分二〇秒

私は、司会をしながら、時間を計っていたのである。二分を超えると「長すぎる」という感じであった。「二分」でも「長い」という感じがする。一分から一分三〇秒ぐらいがほどよい長さである。

自分の学校の離任式の時「挨拶」の時間を計るとよい。二分も三分もしゃべっているようでは「話し方のアマチュア」ということが言えよう(だが、教師はアマチュアが多い。へたな話をダラダラとする人が多い)。

私は、この一〇年くらい、他の人のスピーチの時間を計ってきた。もちろん、自分の場合も計る。

> 「教師にとって、長い話は罪悪である」というのが、私の結論である。短く、ピシッと決めるべきなのだ。

さて、二分を超える教師がいたとはいえ、この日の挨拶はかなり短いものであった。

だから離任式はトントンとすすんだ。

しかし、私は不思議な体験をした。

シンプルにトントンとすすんでいるにもかかわらず、感動が会場全体に広がっていくのである。

先生方は、おセンチな話をしたわけではない。むしろ、ユーモアをまじえて話をされた。

司会の私は、ごくごくシンプルに、「次はA先生のご挨拶です」ぐらいの、短い言葉しか発していない。それなのに、全体に感動が広がっていくのである。

最後に校歌を歌った。何ということもない歌である。ところが、会場全体がシメっぽいのである。

校歌が終わった。直後（その瞬間）私は一気に言った。

「以上で、昭和五九年度、調布大塚小学校離任式を終了します。

先生方、主事さんが退場されます。

拍手でお送りしましょう」

先生方が退場された後、私は子供たちに次のように静かに指示した。やわらかく静かにである。四五分間立っていて、疲れているはずである。

「黙ったままますわりなさい。黙ったままますわりなさい。」

子供たちは静かにすわった。ほっとした空気が流れる。しかし、しゃべる子はいない。

私は続ける。


「とても立派でした。さすが調布大塚小学校の子供たちです。（三秒くらい間）教室へ帰ります」


（私は、本当に、こ、い、こ、れだけしか口から声を出していない。このようにしゃべったのではなく、こ、い、れだけをしゃべったのである）

「二年生起立」子供たちは静かにさっと立った。

「まわれ右。前へすすめ」。二年生の歩いていく姿は美しかった。本当に美しかった。ドタドタと音をたてる子など誰もいないのである。音楽の大坂正美先生が、二年生の動きに合わせて、即興のピアノをひき出した。

これが、実にピッタリと合っていた。

「きれいですね。三年生、起立。」

三年生も静かに立った。そして、きれいに歩き出した。こうして、次々とピアノの曲ととけあって、子供たちは体育館を退場していったのである。

全校の児童がこのように、次々と美しい動きを見せたのは初めてのことであった。開式から退場まで、ちょうど四五分間であった。一一時から一一時四五分である。

その後、私は教室へ行った。教室へ入ってびっくりした。何人かの子供がワーワー泣いているのである。一瞬、ケンカでもしたのかなと思った。わけを聞いてみると、ケンカではない。

離任式をやっているうちに、先生方、主事さん方と別れるのが悲しくなってしまったというのだ。私が一年の担任だったから、担任との別れではないのにである。

泣きじゃくっている子供たちをつれて、校長室へ行った。事情を説明して、一人一人の先生方と握手をしてもらった。

今年退職される長久保主事さんは、顔をクシャクシャにして泣いていた。

「育つ」「別れる」という、学校がもっている宿命的な一つのドラマであった。

4　学級経営案書式の原理

その年から学校としての学級経営案の書式を新しくした。Ｂ５用紙二枚の量である。しかし、そこには、大切なことが必ず含まれるように配慮した(私は教務主任として形式を考えなければならなかった)。

たとえば、児童の実態である。

多くの「学級経営案」の本を見たのであるが、どれもこれも私は気に入らなかった。多くの「経営案」では、大して重要ではないことを「児童の実態」として書くようになっているのである。

たとえば「住んでいる地域」「カギっ子の数」などである。それも、知っておくにこしたことはない。しかし、学級経営案の中に書くべき「児童の実態」とは言えない。

学級経営案は「学校の教育目標」を達成するための、学級での具体案である。そうであるならば**「児童の実態」は、まず「学校の教育目標」と対応させて書く**べきだ。

しかし、そのように構成してある学級経営案は、私が目を通した中には一つもなかった。一般的なことを書くようになっていたのである。そこで、学級経営案の新しい形式を作ることにしたのである。

さらに「実態」を示すのであるから「根拠」が必要となる。しかも、できたら数値で示せた方がいい（もちろん、数値化できないものも多い）。その実態をふまえて、方針を考えるわけである。

その方針の中では、「各学級ごとの特色」が公然と認知されることも大切だ。隣のクラスと同じ経営案なら、学年として一つ作ればいい。しかし、そんなことはありえない。子供がちがい教師がちがうからである。ところが、学級ごとの特色ある活動を、「学年の足並みを乱す」ということで、抑えてしまう学校があるらしい。

調布大塚小はちがう。学校の基本方針をふまえた上ならば、学級ごとの独自性は認められる。それを書く欄もある。「学級経営の工夫・活性化」という欄である。これも一つの特色と言える。

そして、私が書いたのが次の内容である。

〈昭和五九年度　学級経営案〉　　　二年三組　担任　向山洋一

〈本校の教育目標〉

健康で生命を尊ぶ子供を育てる

基礎的・基本的知識技能を身に付けた子供を育てる
すすんでことにあたり、ねばり強くやりとげる子供を育てる
多くの人と交わり、協力・協調できる子供を育てる

Ⅰ　児童の実態（注・教育目標に対応させた実態）

①生命尊重・健康・安全

●虫歯の治療率 ●疾病の治療率 ●他	五九年度　検診／虫歯一八名（うち治療済一五名）　治療率八三パーセント、心臓再検一名（異常なし）、　鼻炎八名　治療済二名　治療中六名　治療率二五パーセント ・健康であるといえる ・「生命を尊ぶ子供」であるとも言える。教室で虫などを飼っていて「死ぬ」と悲しむ子が多い。が、「人間同士の命を尊ぶ」とは言いにくい。「わる口」「いじわる」などがたまにある。

② 基礎的・基本的知識技能

●漢字の習得率	A（八〇パーセント）三二名　B（八〇～五〇パーセント）二名 C（五〇パーセント以下）二名
●音読	A　二六名　B　六名　C　四名
●たし算	A　三三名　B　三名　C　〇名
●通知表オールC	基礎的基本的知識技能をそれなりに身に付けていると思う。が、クラスで四名ほど、やや心配な子もいる。そのうち一名は耳がやや遠い。一名はリズムにのった動作ができない。二名はものごとの処理がきわめてゆっくりである。

③ 不撓不屈・向上心・勤労

●児童の傾向	日記継続提出者一三名　今までに一度も出していない者二名 じっくりとねばり強くやりとげるとは、とても言い難い。全

	体的傾向として「パッととびついて、パッとやってあきやすい」と言える。二年生としては、このあたりが普通ではないかと思う。「もの」があるとかなりねばり強くやろうとする。

④　集団生活・人間関係

●一人ぼっち、一人になりがちな子 ●仕事・学習などで協力できない子	ソシオメトリックスによる集団の関係

	相互選択	選択された数	排斥された数
A男	0	0	15　(仲間なし、きらわれ)
O男	1	1	16
S_1男	1	1	10
M男	1	2	14

(O・S_1・M男→きらわれ)

S_2男	0	3	5
K男	0	2	4
S_1子	0	0	6
S_2子	0	1	6
Y_1子	0	4	0
O子	0	1	1
N子	1	1	0
Y_2子	0	4	0

（S_2男～Y_2子、ひとりぼっちになりがちな子）

まとめ　休み時間一人でいる子一名（M男）
　　　　集団活動で仲間に入れない子一名（O男）

① 生命尊重 健康安全	●二年生の教科指導と深く関連させながら指導する 理科……教室における「生きもの」を飼うことを通して、生・死などを体験させ、生あるものの美しさ・悲しさにふれさせる。 社会……「はたらく人々」が二年のテーマである。人それぞれに知恵と力を出しあって生きていることを考えさせる。 ●日常生活の事件を通して指導する。●外で遊ぶようにさせる。
② 基礎基本 知識技能	●読み・書き・算をしっかりと学習させる。そのため、 ・いっぱい音読をさせ、いっぱい書かせる。 ・漢字の指導をくり返し行う。 ・たし算・ひき算・九九の学習をしっかり指導する。 ●おくれがちな子の個別指導をする。 ●家庭学習の習慣を身に付けさせる。
	O・S・M・Y（男）H・S（女） 個別指導を重視する。家庭での体験を多くするため親と話し合う。

③ 不撓不屈 向上心	●日記提出率を漸増させる。しかし無理やり出させることはさける。 ●「ていねいに」「さいご」まで課題をやりとげるようにはげます。 ●ノートなどを継続検査する。 ●水泳・跳び箱・なわ跳びなど、できないことに挑戦させる。	水泳などを嫌う子　S・O・S(男)、日記を出さない子　M・H、個別指導を重視する。
④ 集団生活 人間関係	●集団で遊ぶゲームを考える。 ●グループで行う係・集会を多くもつ。「みんなでやる」場を多く設定する。 ●一人ぼっちになりがちな子の個性をさがし、集団の中で生かされるよう配慮する。	一人になりがちな子　M・O男、その子の良さを見つけほめる。集団の中に生かす。集団でやることを多くする。

3　目標達成へ対応させた指導の経過と反省

	①	②	③	④
一学期				
二学期				
三学期				

4　各教科・道徳・領域等の指導

国　　語	社　　会
●いっぱい読ませていっぱい書かせる。（音読と視写の重視） ①ひらがな・カタカナを正しく書かせる。 ②漢字の習得目標（読み九五パーセント以上　書き九〇パーセント以上） ③朗読（中心教材を一〇〇回音読させる） ④作文、四〇〇字原稿用紙一枚に文が正しく書けるようにする。日記もいずれ四〇〇字に……。 ⑤読書を多くさせる。週一冊。年五五冊以上。 ⑥国語クイズによる言語環境を作る（漢字クイズ、主人公クイズ、結末クイズ等）。	●一年間の学習を次のように構成する。 一学期、物を売る人　二学期、物を育てる人・作る人　三学期、物を運ぶ人 ①見学・体験調査に基づく学習を組み立てる。

	算数	理科	音楽
②見学・調査をまとめる学習を重視する。 ③見学等を「再現する学習」に構成する。	●四則計算がしっかりできるようにする。計算技能テスト換算で九〇パーセント以上とする。 ●操作活動を多く取り入れる。ドリルを毎日少しずつする。	●教室環境をととのえ、生きものを多く飼う。 ●理科用具を持たせ、自発的学習をうながす。 ●「もの」と接する場面を多く作り、「もの」から学ぶ方法を習得させる。	●楽しく歌うようにさせる。楽器（ハーモニカ、鍵盤ハーモニカ）を演奏できるようにさせる。教師の技量不足をカバーする方法をいろいろ講じる。専科教師への依頼、視聴覚教材の利用、多くふれさせること、など。

図工	家庭	体育	道徳
●思いきった表現をさせるよう指導する。いろいろな素材による表現を体験させる。 ●「思いきって」表現しようとする意思と共に「素材・技法」の習得による表現の可能性をおしひろげる。		●体力・筋力を育てる。そのため「工夫した基本の運動」を多く取り入れる。曲に合わせ「表現できる」ようにする。いくつかの技能(跳び箱・なわ跳び)を習得させる。	●事実に基づき、事実をふまえて考え、行動できるように育てる。 ●学級内に生じる様々な事件をとりあげ、道徳的判断・実践力を養う。具体的問題で考えさせ、実践力へつなげる。

特別活動	生活指導
●子供の「創意・工夫」が生かせる「文化・スポーツ・レクリエーション」活動をさせる。 ●「当番活動」と「係活動」をしだいに区別・分離するよう指導する。 ●集会活動が企画・実践できるよう「だんどり・手続き」を指導する。	①一人一人の個性を大切に育てる。規律の指導は必要最小限にとどめる（①授業はチャイムで始まってチャイムで終わる②終わりの挨拶はしっかりやろう③他人の傷つく言葉は言わない）。 ②人にはそれぞれ個性がある。規律を重視するあまり、個性の芽をつぶすことのないようにする。 ③「ありがとう」と言える子になろう。そして「ありがとう」と言われる子になろう。 ④外で多く遊ばせる。遊ばせる時間を確保するため、授業時間の延長はしない。 ⑤一人ぼっちの子をなくす。

⑥一人一人の子供の得意なことを調べ、学級経営の中に生かしていく。

5 諸活動

学級経営の工夫・活性化
●児童の活動の活性化を図るため、次のことを行う。 ①児童の活動する場の創出 　㋐授業の中の発表　㋑係の活動の広がり　㋒活動の場所・用具の確保 ②活動内容の指導 　㋐個人新聞を作らせる指導から各種文書へ　㋑国語のクイズ（漢字クイズ・主人公クイズ・登場人物クイズ・結末クイズ・作者クイズｅｔｃ）の指導から、昆虫クイズ、お店クイズなどの広がりへ ③イベントの計画・企画

家庭との連携	自己の研究活動
●学年通信「なあに」を中心に家庭との連携を図る。その際、次のことを留意する。 ㋐定期的発行（週三回）㋑より多くの発行（年間一五〇回）㋒連絡事項の具体的表記　㋓教室での出来事の描写 ●よい子の手帳により、一人一人の子供の動きを知らせる。とりわけ「よいこと」があった時。	●次のことを研究課題とする。 ①理科を通して、「何を見させて、どう記録するか」。 ②学校現場における教育課程の組み立て（教務主任として） ③文学の授業の構造化（分析批評による方法） ④基礎・基本学力の保障はどこまでできるか（学校として） ⑤学年経営と教師集団（学年の一員として）

指導の経過と反省

	各教科・道徳	特活	生活指導
一学期			
二学期			
三学期			

	学級経営の工夫	家庭との連携	研究
一学期			
二学期			
三学期			

第2章

一年生、その小さな小さな世界

教師なら、子供たちのすばらしさを知っている。子供たちのすばらしさを、見つけられない教師なら、教師をやめた方がいい。「子供たちはすばらしい」ことを知ってはいるが、そんな私でも、胸にジーンとくるような体験をすることもある。

涙を流して感激するような、そんな派手なことではない。小さな小さな小さな世界の出来事である。たとえば、次のような何気ない小さな一コマ一コマである。

1　サッカーボールは流れていった

全校遠足の二年生の目的地は、多摩川河原の少年野球場と隣接の公園だった。荷物を置いた子供たちは広々とした場所で、それぞれに遊び始めた。ダンボールを使っての土手の草ソリ、なわ跳びに人気があった。わがクラスの男の子で三人ほどサッカーボールを持ってきた子がいた。だから男の子の多くはサッカーボールで遊んでいた。

かくして一時間、担任もそれぞれの遊びの中に入った。小方先生は草ソリ、西川先生はなわ跳び、私はサッカーボールを使ってのドッジボール。

少年野球場の片隅に、雨つぶ形のラインがひいてあった。拾ってきた棒をまん中に置いて、ドッジボールのコートとした。

広いコートが女の子のコート、狭いコートが男の子のコートであった。

クラスの半分くらいの子供たちで始めたドッジボールも、三〇分もやっているうちに人間が集まってきて、クラスの三分の二くらいの子供たちにふえた。私も、女の子のチームに入って遊んでいた。

ところが、ある時、ボールが男の子の守っていた外野をぬけてコロコロころがっていった。男の子たちは夢中で追いかけたが、川べりの斜面をころがって川に飛び込んでしまった。勢いがついていたため、川べりから七、八メートルも遠くへ行ってしまった。

とても、届かない。石をボールの向こう側に投げて、もどそうとしたがうまくいかなかった。ボールは、ゆっくりゆっくりと岸を離れていった。

子供たちは、川岸でがっかりしていた。外野の男の子たちは、ボールの持ち主であるI君に「ゴメンネ」を連発していた。

私も、「学校にあるサッカーボールをあげるから、あきらめよう」となぐさめていた。

みんなの気落ちした様子に、E君が「ボクのサッカーボールで続けよう」と呼びかけていた。

また、ドッジボールは続けられた。

泣きじゃくっていたI君は、私の所へきて「少しドッジボールを休んでいます」と言った。
また、ボールがころがるといけないので、私はゲームから離れて斜面になるところに腰をおろした。外野から一〇メートルほどである。I君も少し離れた花壇に腰かけて泣いていた。

遊びは続いた。ドッジボールをやっていない子供たちもそばにやって来た。かくれんぼをしていたS君、O君、K君も通りすぎていった。Yさんは私とボールの守りについた。Mちゃん、Wさん、Tさんもやって来て、I君に声をかけていた。突然Wちゃんはかけ去っていった。戻ってきた彼女は小さい黄色いボールをI君にわたしていた。やがて昼食となった。

突然、N君が走り込んできて、「アクアラングの人たちにボールをとってもらっていい?」と聞いてきた。昼食が終わるころである。子供たちは、遊んでいても、昼食していても、I君のボールのことを考えていたのである。昼すぎにやってきたアクアラングの人を見て思いついたのだ。

K君が考えついた。そしてS君にけしかけた。実行する人である。S君は心細いのでN君をさそった。N君は私の了解を求めにきて、いさんで頼みにいった。やがて四、五分、「とりました」という大歓声がひびいてきた。

私はいそいで川辺に向かった。エンジンのひびきもいさましいボートが戻ってきたところだった。私は何度もお礼を言った。相手の方々は照れていた。

みんな集まってきて、I君に「よかったね」を連発していた。

彼の弁当には、いなり寿司がまだそのまま残っていた。

I君がポケットから、小さな黄色いボールを出してWちゃんに渡した。Wちゃんも黙って、それを受け取った。

「どうしたの?」と私が聞くと、Wちゃんは、「あげたの」と短く言った。I君は「返したの」と短く言った。サッカーボールをなくして泣いていたI君に、Wちゃんは、せめてものなぐさめに小さなボールをそっとあげたのだ。今、それはいらなくなった。だから、黙って返して、黙って受け取ったのだ。

小さな小さな小さな世界の物語である。

2　よかったね

1　一時間目の途中、遅刻をした子が教室前方の戸を開けて、そっと入ってくる。近くの子が、そっと声をかける。

「どうしたの？」

「かぜをひいて、お医者さんに行ってきたの」

「それで、どうだったの？」

「大丈夫だって」

聞いた子は、安心したおももちで遅れて来た子に言う。

「よかったね」

このやりとりを聞いていた子が、小さい声でそれに続ける。

「よかったね」「よかったね」「よかったね」「よかったね」「よかったね」。

そのころは、遅れて来た子も席に着き、勉強の用意もできていて、教室は静けさと緊張をとり戻す。わずか三〇秒ぐらい、小さな世界の一コマである。

2　一人の女の子が、教室で泣いている。ファスナーがはずれないらしい。

友達が何人かやっているのだが、からまってしまってとれない。私は、手まねきする。やって来た泣いている女の子の頭をなでて、ファスナーをはずし始める。

ほどなく、ファスナーは、はずれる。見守っていた子供たちが、その子に口々に言う。

「よかったね」「よかったね」「よかったね」。

3

小学校の休み時間の、小さな世界の一コマである。

体育の時間、けんめいに「さかあがり」に挑戦している子がいる。

顔がまっかだ。

もう少しだ。何回も、何回も挑戦する。が、疲れるためか段々とだめになる。

しばらく休んで、再度の挑戦。

足が空にささる。一瞬、体の動きが止まる。ゆったりと回転する。

「できた！」

子供たちから拍手が起こる。上気した「英雄」に、他の子が大きな声をかける。

「よかったね」「よかったね」「よかったね」「よかったね」。

4

かけ算九九のテストを始める。

「自信のある人は並びなさい」

十数人の列ができる。初めの子は緊張している。ちょっとでもつっかえると不合格だ。五人、八人、不合格の子が続く。

やっと一人、合格の子が出た。「ワァー」と静かなドヨメキ。

そして、声がとぶ。

「よかったね」「よかったね」「よかったね」……。

合格した子には、次々と「よかったね」の声がかかる。

5　私は一年生二年生を初めて担任した。

そして、私らしい教育、あるいは「小方、西川、向山のチーム教育」の特徴を言えというなら、この子供たちの「よかったね」という言葉を挙げる。高学年では、作ることのできない世界である。

「よかったね」と祝福をおくり、はげましをおくる友人たちとの学校での生活、これは、低学年の子が最も必要とする世界なのだろうと思う。

6　一月の授業参観には、全員の保護者が出席した。（当日欠席した子の保護者は欠席だったが……）、授業参観への全員の出席、めったにあることではあるまい。この日、他のクラスも高率の出席だったという。「授業」についても、「楽しかった」とおほめをいただいた。

教師と親と子供が一つの共同の世界を作ることは理想である。が、めったにあることではないだろう。幸運を私は感謝している。

子供たちは私に言ってくれるだろう。「よかったね」「よかったね」。

3　すばらしいテストの答え

理科の糸でんわを学習した後でテストをした。その中に、次の問題があった。

ある男の子は、次のように答えた。

糸でんわで　はなしを　して　います。

1つ10てん〔30〕

① はなしが　きこえる　人に　○、きこえない　人に　×を　つけなさい。

② きこえない　人は、どう　すれば　きこえるように　なりますか。

〔　　　　　　　　　　　　〕

① はなしが　きこえる　人に　○、きこえない　人に　×を　つけなさい。

② きこえない　人は、どう　すれば　きこえるように　なりますか。

〔きこえない糸でんわをはなして男の子ととりかえる〕

読んでいて思わず笑ってしまった。

ここで求める答えは、「女の子の糸をピーンとすればいい」というような答えである。

「聞こえない糸でんわはどうしたら聞こえますか」という問いならこれしかない。

ところで、問題の文は、かなり微妙である。

「聞こえない人はどうすれば聞こえるか」ということを聞いているのである。「聞こえないでんわ」をどうするかではなく、「聞こえない人」はどうするかなのである。「聞こえない人」は「聞こえるところへ行く」ということでも正答といえる。

きっと、この子はよく考えたのだ。問題の文をよく読んだのである。そして、「聞こえない人」の立場に自分をおきかえてみて考えたのだ。

私は大きく〇をつけて。「じつにすばらしい答えです」と書いた。

第3章

授業を知的に

——向山学級の国語・算数・社会・理科・学級会など——

小さい子の知的好奇心は、実に旺盛だと思う。次から次へと学習の課題やねらいに迫ってくる。私は授業の中で、ハッとさせられたことが何度もあった。そんな時、学年通信がとても書きたくなった。

その中のいくつかを以下に紹介する。

1　国語・漢字ってすごい

・国語の時間、漢字を教えていた。「読」という字である。

「ゴンベンにウルという字だね」と分解して教えた。漢字はこのようにバラバラに分解して、口で伝えられるのが強味である。

ある子が「先生へんだね」と言った。他の子が「どうしてゴンベンにウルでヨムという字になるの?」と聞いた。

・「本当にヘンだね」と私も言った。「先生も分からない」と続けた。

「先生でも分からないことがあるの」と、誰かが言った。

「先生でも、分からないことはいっぱいあるよ。でも、これは辞書で調べれば分かる」

と私は言った。

元気な声が出る。「国語辞典で調べるんでしょう」と声がした。

「いや、これは、国語辞典じゃ分からないよ」

別の子供が言った。「でも『広辞苑』のような辞書なら大丈夫でしょう」

「いや、『広辞苑』でも駄目なんだよ」と私は答えた。

また、別の声が上がった。「わかった。漢字辞典で調べるんでしょう」

「いや、多分、ふつうの漢字辞典でも駄目だと思うよ」「これはね、漢字の成り立ちが書いてある辞典で調べるんだ」

とたんに子供たちの声がみだれ飛んだ。

「わあ、先生ってやっぱりすごいなあ」

「先生は、頭がすごくいいんだね」
・気分をよくして私は言った。
「教員室から持ってくるから、習った漢字を練習していなさい」

教員室から、『字源』(角川書店)を持ってきた。厚さ一〇センチメートルである。

辞書をだきかかえて教室に入ったら、ものすごい拍手だった。

「辞典を持ってきた教師」への大きな拍手、教室とはやはり「知性の場」なのである。

二年生は二年生なりに、知的輝きをもっている。
・子供たちの前で辞書を広げて調べた。「分かりました」と私は言った。みんなシーンとしている。
「読のもとの字は、『讀』です。『売』はひっぱり出すという意味です。言葉をひっぱり出すので読むという意味なのです」

子供たちは、感心していた。

X君がひとりごとを言った。「漢字って、すばらしいんだな!」
・次に「池」を勉強した。
「氵」の読み方を聞き、意味を聞いた。

サンズイの字が次々と出た。名前に使われているのが多い。

洋介、洋平、洋一の洋、湯本の湯、河野の河、吉浜の浜、穂津美の津、酒井の酒、唯江の江、渡部の渡、清水の清。

「私の字にサンズイをつけると泳ぐになるよ」と永田さんが言った。

「その字、コオリとも読むよ」とZ君が元気に言った。

「すごい。でも、とっても似ているけど少しちがうんだよ。『永』と『氷』だよ」

元気なZ君が一瞬テレて下を見た。そこがまた、何とも言えずかわいい。
・次に、「貝」の字を教えた。
「あっ、買の字と下が同じだ」と、誰かが言った。

「そうだね。お金に関係する漢字は、貝がついているんだよ。どうしてだと思う？」と私は聞いた。

「むかし、貝がお金だったのかな」と女の子が答えた。

そのことを私は少し説明した。また、誰かがつぶやいた。

「漢字って、本当にすごいね」

2　かけ算九九のひょう

(1)　「かけ算九九のひょう」という勉強がある。

教科書では、次のように勉強することになっている。

★1のだんから　9のだんまでの　かけ算九九を　ひょうに　まとめました。

★かけられる数が　4の　ときの　答えは、どこに　かいて　ありますか。

★2×3、4×6　の答えは、どこにかいて　ありますか。

(2)　つまり、かけ算2×3の答えはどこにあるのかを示せばいいらしい。

私は、九九の黒板を準備した。黒板は、「ひょう」と同じマス目になっておりそこに、磁石でできた数字をおいていけばよいようになっている。

外側の枠を作って、答えの数字を子供に渡してあてはまる所におかせていった。

キャーキャー、大さわぎである。

		かける数								
		1	2	3	4	5	6	7	8	9
かけられる数	1	1	2	3	4	5	6	7	8	9
	2	2	4	6	8	10	12	14	16	18
	3	3	6	9	12	15	18	21	24	27
	4	4	8	12	16	20	24	28	32	36
	5	5	10	15	20	25	30	35	40	45
	6	6	12	18	24	30	36	42	48	54
	7	7	14	21	28	35	42	49	56	63
	8	8	16	24	32	40	48	56	64	72
	9	9	18	27	36	45	54	63	72	81

完成したところで、６の段だけを裏がえしにして、６の段を言わせてみる。
あるいは、２の段と３の段を入れかえてしまって、正しい九九を言わせてみる。
ここらあたりまでで、たっぷりと一時間はかかる。

次の時間、また、ひょうを完成させる。今度は、出来上がるのも早い。

7の段、8の段などを言わせてみる。

ひょうを見ながら、かけ算九九の勉強をしているわけだ。このあたりまで、教科書の方法と同じである。

(3) 一とおり終わったところで、次のように問う。
「表をゆっくり見ていると、いろいろと面白いことが発見できます。それをさがして、ノートに書きなさい」

五分後、できた子を指名する。
① 「5の列の一の位の数字は、5と0しかありません」
私は、すかさずほめる。「すごい!」
② 「1の段と5の段は、時計みたいです。だって、時計が1の時は本当は五分、2の時は本当は一〇分、3の時は本当は一五分だからです」
私は、すかさずほめる。「すごい!」

こうやってみると、いろいろと面白いことが見えてくる。

「今のようなことを、もっといっぱい見つけてごらんなさい」と私は子供たちに言う。

（お母さん方はいかが？）

子供たちの考えのいくつかをご紹介しよう（全部で二〇近く出た）。

一、いちばん大きな数は81です。まん中の四つを足すと（16・20・20・25）やっぱり81になる。

二、1と81に線をひいて、紙をおると同じ数字が重なる。

三、9の列は一の位が1から9まで並んでいて、十の位が8から1まで並んでいる。

四、同じ数字を線で結ぶと、三角形や三角形の上が切れた形ができる。

五、ななめの1、4、9、16……は、間の数字が3、5、7、9……と並んでいる。

私は、この表を使ってゲームをする。この表から、どこでもいい九マスのブロックを切りとる。 このマスの中の九つの数字を足し算させる。子供が計算しているうちに、私は暗算でさっと出してしまう。子供はびっくりする。ポイントは、中央の数字は平均値だということである。従って中央の数字を九倍すればよい。これは、カレンダーでも同様だ。

3　社会科・買物調べ

社会科で「買物調べ」をしました。

一週間（の間）、家の買物を調べます。つまり買物日記をつけたわけです。

一週間分の買物を発表してもらいました。いろんな物が出てきます。当然のことながら「わけの分からない物」もあります。「せんせい、みりんってなんですか。」

私は教えません。「分からない物」を「分からない」と認識するのも大切な勉強です。

⑴　上質紙を小さく、細長く切ってカードを作りました。このカードに、品物の名を記入させました。一枚に一個です。たくさんのカードが出来上がっていきます。もちろん、カードが少ない子もいます。一時間こうやって、終了しない子は宿題にしました。

次の時間に、カードを仲間ごとに分けさせました。これもテンヤワンヤです。机の上に、たくさんのカードが並びます。ここでも「分からない物」が大問題です。どこに入るのか見当がつかないのです。ここでも「分からない物」は、「分からない物関係」というグループを作り、そこに入れさせました。

「食べ物関係」「やおやさん関係」「のみもの関係」、同じ飲食物でもいろいろな関係が生まれます。これを、一枚の上質紙に書かせました。速くできる子時間のかかる子いろいろです。

(2) 一番速くできたJさんに黒板に書かせました。

Jさんは、いっしょうけんめい黒板に書きました。その間に、他の子は自分のを完成させます。次がJさんの図です。

「パン」パン

「さかな」あじ

「やさい」レタス　キャベツ　アスパラ　わけぎ　トマト

「くだもの」いちご　みかん

「アイス」アイス

「おかし」むぎちゃ

「たまご」たまご

「ごはん」おにぎり　すし

「おさとう」おさとう

「ようふく」Tシャツ

「おにく」ひきにく　ベーコン

(3) この図で「へんだな」と思うことを聞きました。席がとなりの子同士で相談します。自分の考えをペアで確かめます。「トマトをくだもの関係に入れる」という考えが出ました。「やおやで売っている」というので却下です。「アイス」を「おかし関係に入れる」とい

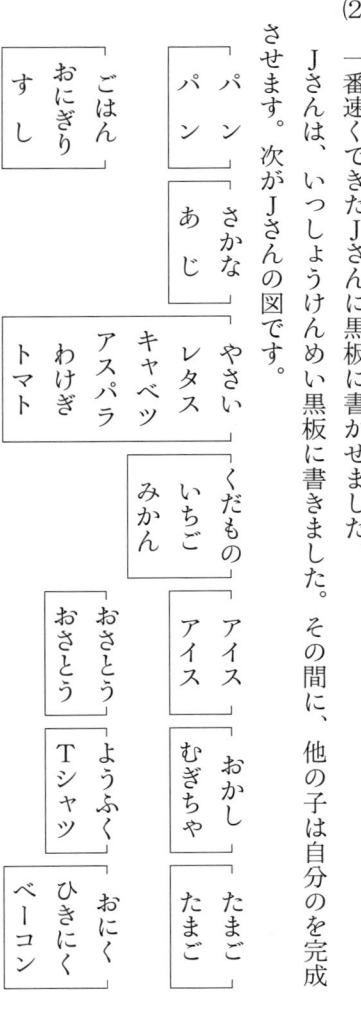

うのも出ました。これは大論争です。いろんな所で売っているのです。「アイス」は「甘いもの関係」だという意見も出て、「それなら、さとうも甘いもの関係でアイスと一緒にしないとおかしい」という反論も出ましたが「おかし関係」で一応おさまりました。

(4) すごいのが出ました。「タマゴ、ごはん、肉」を、食べ物関係で一緒にしろというのです。この時は、みんな興奮してしまい、「そういうこと言うなら、みんな食べ物関係じゃないか」と大変です。「食べ物関係」だと大きすぎて、みんな入っちゃう、ちょっとへんだということで、言い出した子も納得しました。

(5) ここで、「アイスは、オヤツ関係だ」という意見が突如出ました。さっきの結論が気になっていたのでしょう。新しい言葉、新しい概念を提出したのです。「アイスは、オヤツ関係だ」という考えは、大混乱に発展しました。

家々で「オヤツ」が異なるからです。「うちじゃ、イチゴがオヤツだ」「いや私んちは、パンよ」「私のとこオヤツがない」というわけで、せっかくの考えだったのですが、これも却下ということになりました。

(6) 次は、Kさんが黒板に書きました。

Kさんの図では、次のところが問題となりました。「分からない物関係」です。

分からない
たけぐし、花、こめ

話し合いの末、たけぐし……けしょう品屋、花……花屋、米……米屋になりました。

Lさんは、「お米がパンになる」と主張し、Mさんが、「パン屋にお米が売ってない。だから、お米はお米屋だ」と主張し、意見が対立しましたが、面白いので持ちこしです。こういうところを、すぐ教えてしまうと、いい勉強ができないのです。

(7) その次の時間は、MさんとLさんの図を印刷してみんなに渡しました。
まず、図を全部読んであげます。関係ごとに番号を付けさせます。「分からない物関係」をおしまいにもってきて九番にします。

「へんだなあと思ったら、しるしをつけなさい」と指示します。二分経ったところで、挙手させます。

「へんなところある人」一一人です。「ない人」五人です。

ここで私は強く言います。「ないかあるかのどちらかです。どちらかに手を挙げなさい」。「ある」二五人、「ない」七人でした。「ある」の方が手が挙がっているので、「みんなで挙げればこわくない」というところでしょう。そこでちょっとフルイにかけます。『ある』という人に説明してもらいます』。こう言うととたんに手が下がります。「ある」一八人、「ない」一八人でした。「ない」というのは、「まちがいがない」「どちらか分からない」の両方が入ることを説明しました。途中略して大問題にいきます。

「パンは何でできているか」という討論になりました。Lさんは「パンはお米から作る」と言います。でも「パン屋とお米屋はちがう」という意見が出ます。Nさん、Lさんなどは、「パンはお米から作るとママが言っていた」と言います。こういう言い方は一つの「流行現象」となって、みんなつられます。

「そういえば、うちのお母さんも言っていた」という意見が出ます。ほとんどの子が「パンは、米と麦から作る」になってしまいました。

(8)「ちがう」と、大声でさけんだ子がいます。O君です。みんなは、大ぜいで言ってますから、ワイワイ言って、「ナンダ、ナンダ」の調子です。取り上げようとしません。

「パンはね」とO君が大声で続けます。「バターとね、卵とね、塩とさとうと、小麦粉とイーストから作るの」と言いました。「バター」と言った時、「うそー、へんなの」と声が出ました。しかし、O君が続けると、教室が静かになってきました。言い終わった時、教室はシーンとなっています。

あまりにも、圧倒的な知識のちがいに、子供たちは呆然としているのです。私は、「ここにいるのは、まぎれもなく人間の子だ」と思いました。「知の力」に子供ながら圧倒された姿なのです。もう一度、O君に前に出て説明してもらいました。イーストの説明もしてくれました。「さあ、どう考える」と私は聞きました。「ママに聞いた」「お母さんに聞いた」子は黙ったままです。しばらく沈黙が続きました。

(9)「先生、教科書にパンのこと出てる」とPさんが言いました。みんなもいそいで本を見ました。うしろの方のページです。「本当だ」「O君合ってる」、驚きの声が続きます。「調べる力」「読みとる力」も人間の力なのだと私は実感しました。

それから、子供たちは図を描きました。「一つのまとまり」を作るために、あれこれ考えたわけです。今までの体験が大きくものを言っています。こんな小さな出来事の中にもまた、子供の成長を見ることができます。

4　社会科・ポストの授業

今回の学年通信は、前回の社会科での授業の様子（ダンボール箱でポストを作るには）の続編です。

(1)　子供たちは、「どうしたらポストになるのか」をノートに書きつけている。どの子も、数個は書いている。

さて、この時点でのポイントは、「一人一人が書いたものをどうまとめていくか」である。

大ざっぱに言って方法は二つある。

一つは、全体の場で発表させ、教師がまとめていく方法である。

もう一つは、子供同士にまとめさせる方法である。

私は、後者を選んだ。

(2)　指示「机を並べかえて班を作りなさい。……これから画用紙を一枚配ります。ポストの絵を描いて、どこを直したらいいか書き込みなさい」

とたんに子供同士が話し合いを始める。子供同士の情報が交換される。それから一〇分、まだ作業は続いていたが中止させ、どこを直したらいいのかについて発表させた。

子供が発表した部分を、黒板に掲示したダンボールにマジックで記入していった。

あいまいなものは、その場で「どう思うか」と簡単に意見を聞いて、人数を確認した。

子供の発言は、一〇を超えた。みなさん方も、ぜひお考えいただきたい。

(3) 子供の意見

① 穴を二つあける。　↑反論「穴が一つもある」多数

② 東京・地方を入れる。ただし、どちら側が東京かは、半々。

③ 〒マークを正面に入れる。

④ その下に郵便と書く。

⑤ 全体を赤くぬる。　↑反論「青いポストもある」多数

⑥ 横に集めにくる時刻を入れる。

⑦ 横に〒マークを入れる。

⑧ 横に郵便と入れる。

⑨ 中の物を取り出すフタをつける。

⑩ フタにかぎ穴をつける。

⑪ フタにとってをつける。

⑫　全体の大きさをもっと大きくする。
⑬　ポストに足をつける。
⑭　手紙を入れる所に、フタをつける。
⑮　手紙を入れる所の上に、ひさしをつける。
⑯　地方は「青」で書く。
⑰　ポストの中に、カゴを二つ入れる。
⑱　カゴの色は、赤と青にする。
⑲　穴の大きさは、封筒が入るくらい。
⑳　手紙を入れる時の説明を書く。

(4)　さて、発問しながら問題になったのは、次の諸点である。ぜひお考えいただきたい。

①　東京と書いてあるのは右か左か?

子供の意見は半々に分かれた。「すぐに調べに行く」と言っていた。

② 「青いポスト」が日本にあるか。

「ある」と思うが三〇名、「ない」と思うが五名。

③ 手紙を入れる口が一つのポストがあるか。

「ある」と言う子が三分の二。ほとんどは、「夏休みにいなかで見た」という意見である。

(5) 以上でこの時間の授業は終了である。

子供たちは、毎日、何気なく見ていたポストに、別の目を向けることだろう。「調べてみる」子も出るだろう。私たちの授業の一コマである。

家に帰った子供たちは、さっそくポスト調べに出かけた。Qさんは次の日、調査報告を持ち込んできた。

5　社会科・バスの運転手

(1)　社会科で「バスの運転手さんの仕事」に入った。まあ、教師になりたての人なら次のように聞く。

バスの運転手さんはどんな仕事をしているでしょうか?

この聞き方が普通だが、これは「アマチュアの聞き方」である。

子供は次のように答える。

「バスを運転しています」

正解だ。だけどこれ以上出てこない。つまってしまうのである。

そこで教師は強引に誘導する。「ほかにない?」この「ほかに」という言葉は、教師の意にかなう言葉が出なかった時に使う常套句である。

(2)　少し、教師生活に慣れると次のように聞く。

バスの運転手さんは、どんなことに気を付けながら運転しているでしょうか。

これは少しはましだ。子供の発言もちょっぴり活発になる。

でも、「バスの運転手さんが何に気を付けているか」は、少し分かりにくい。もっと、的確な言葉の方がいい。

でも、このように発問に気を付けている教師は、それだけですばらしい。

(3) プロの中のプロ、たとえば筑波大附属小の有田和正氏は、次のように聞く。

バスの運転手さんは、運転している時、どこを見ていますか。

こうすると子供が反応する。有田氏は、夏休みに沖縄・九州など一八カ所、講演をした。授業も実施した。他の学校の子供に授業するのである。そんな時、子供が反応する発問とシラーとなる発問があるという。

子供が生き生きする発問を言えるのがプロである。

(4) そこで私は、有田氏と同じ発問を子供たちにした。発問をして、ノートに書かせ、発表させた。次のような意見がまず出た。

①前の道路　②信号　③前の車　④前後左右　⑤バックミラー

ここでストップした。私は挑発した。「もっといっぱい出たクラスもあるそうですが、二年三組はこれだけですね」

当然ながら、次々と出た。

⑥おきゃく　⑦バス停　⑧お金　⑨サイドミラー　⑩おりる客のブザー　⑪前にある運転時刻表　⑫スピードメーター　⑬信号でとまっている時、前をよこぎる人　⑭いろんなたてもの（ここは、どこらへんかな）　⑮ハンドル

(5)　いろいろな所を見ているものである。これが、とりもなおさず、バスの運転手の仕事なのである。

このようなすぐれた発問は、すぐに作れるものではない。

6　理科・アリの絵を描く

・理科の勉強で学校めぐりをしました。

先日は、校庭でアリと遊びました。遊ぶことおよそ三〇分。教室に帰ってアリの絵を描かせました。上質紙に大きく描くのです。ここまでで一時間です。

できた絵は、教室内のまわりに掲示しました。いろんなアリが並びました。

・次の時間、三人の絵を黒板に貼りました。

当然ですが、勉強の役に立つものを選ぶわけです。

勉強の役に立つとは、「まちがい」があって、しかし「でたらめ」ではないものです。

つまり、「大体正しくて、どこかへんなところがある」というのがいいわけです。三人の絵は次のようでした。

A

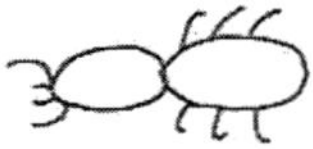

B

C

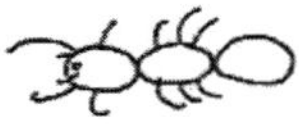

・子供たち全員を黒板の前に集めます。次のように言います。

「図画なら『この絵はうまいですか』と聞きます。でも理科は『うまいへた』はぜんぜん関係ありません。じゃあ『この絵は□□ですか』と聞くとしたら、何とたずねたらいいのですか?」

ほとんど手が挙がります。「この絵は正しいですか」と女の子が答えました。

「では、この絵を写しなさい」といって写させました。

「さて、どこに目を描けばいいですか」と聞きました。むずかしそうです。そこで質問を変えました。「この三枚の絵はどこがちがいますか」。これには考えが出ました。

「しょっ角がないのがある。」

「キバがないのがある。」

「Aは体が二つになっている。」

「足の数がちがう。」

「足が出ているところがちがう。」

ここで、何を見るのかまとめました。次の三つです。

① かずはいくつ

② どこから出てる

③ あるものはなにか

①は体の数と足の数に分かれます。体の数は全員「三つ」です。遊びの中で知っているのです。足は意見が分かれました。Dさんが、「小さいアリは六本。でも兵隊アリは八本」という意見を出して三四名の賛成を得ました。

この「ちょっとだけちがう」という論は、大勢に支持される傾向があります。これに、「小さいのは少ない。大きいのは多い」という常識論が加味されると、クラスの意見の主流になります。

E君が小さい声で「ちがう、みんな六本だ」と言いました。みんなジロリと見ます。

F君が申し訳なさそうに小さくなってE君に賛成の手を挙げました。

どこから出ているのかは、下の図のようでした。

◇さあ、全員で調査です。みんな自前の観察容器を持ちました。

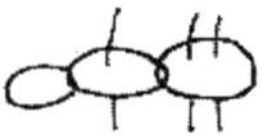

34人

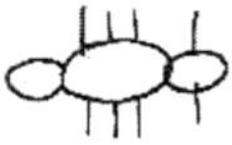

1人

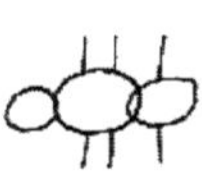

1人

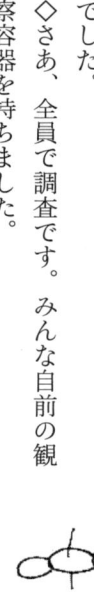

クスリビンみたいな小さなガラスのビンは使い勝手がよかったです。アリを入れてゆっくり見られるからです。

G君が「むねから二本、腹から一本だ」と言いました。みんなに言います。すぐに流行現象です。他の子は、よく見ないで「むねから二本、腹から一本だ」と言います。

こういう時はゆっくり待ちます。

そのうち、「全部胸からよ。足も全部六本よ」という声が出てきます。あわててみんな、もう一度よく見ます。小さいアリ、大きいアリいろいろ調べます。だけど、八本のアリはいませんでした。ここまででいいのです。昆虫の体のことは、四年生になってしっかり学びます。今は、「自分が調べたアリの足は六本で、八本ではなかった」で十分なのです。

7　理科・音あつめ

(1)　理科の勉強で「いろいろな音」をやっている。
子供たちは、いろいろなものを教室に持ち込んできた。

ビールビン、コーラのビン、はこ、小さいビン、ゴム、ドングリ、糸、スプーン、棒、ハリガネ、オモチャ。Rくんは「せんたく板」を持ってきた。

いろいろな音を出せる。子供たちは、自由に音を出している。今まで毎日聞いてきた音も、改めて聞くと「何かある」という気になる。

後半、いろいろな音をみんなに紹介させた。そして、それを「言葉」で、分類した。

A、ふいた時の音　　E、たたいた時の音
B、こすった時の音　F、おとした時の音
C、ふった時の音　　G、ころがした時の音
D、はじいた時の音

以上で一時間である。

(2)　次にこれらをノートに書かせて、できた子から休み時間になる。ノートを忘れた子は

紙に書いておき、家でノートに写すことになっている。なってはいるが、むろん、やってこない子もいる。だから、時々、休み時間にノート整理をすることになる。

さて、次の時間は、また「音あつめ」から始まった。今までよりも、いっぱいものを持ってくる。忘れた子が三名いた。手近なもの、友人のもの、で代用する。今度は、前よりも多くの発見をする。

Sさんがやって来た。「先生、ビンの中に水を入れてふいてみました。水の量が多いと高い音、少ないと低い音が出ます」と言ってきた。音の高い・低いの区別をオルガンで教えて、やってもらった。

T君が言った。「たたく場所によって音がちがいます」

かくして次の時間、「もの」で楽器を作ることになった。

(3)

また、他の子が言った。「音が出る時は、物がふるえるんだ」

さっそく、大だいこで実験した。たいこの上のどんぐりがはねた。Uさんがビー玉をのせたら、ピョンピョンはねた。

私は聞いた。「だって、スプーンなんかふるえないぜ」。しばらくしてV君がさけんだ。「先生、ふるえるのが手で分かります!」

なるほど、震動で確かめたのだ。「Vの証明」という。

私は聞いた。「でも、ビンをふいてもビンはふるえないよ？」

時間が経った。Wさんが小さな赤い紙きれをビンに入れた。音がする時、赤い紙片は見事にふるえた。「先生、これ見て！」と言う。「すごい」と思った。みんなに紹介した。「Wの実験装置と証明」と名付けた。

8　学級会

二年生の二学期になって、学級総会（通称学級会）を教えた。議長がいて書記がいて話し合いをする。学級の議会である。（学級会活動とは、話し合い（学級総会）、集会、係の三つの活動で構成されている。）

子供たちは、自分たちで何でも決められると知って大喜びだった。二回ほど、私が議長をして、三回目から日直の子と交代した。

その三回目である。子供たちは、まず「お楽しみ会」を計画した。

「すぐにやろう。今すぐやろう」という意気ごみである。

私は、「どんな計画を考えてもいいが、いつやるのか、どのくらいの時間やるのかということだけは、先生の許しを得ることが必要です」と、念を押した。

お楽しみ会の相談は、楽しいものだ。あれをやろう、これをやろうといっぱい出た。ままごとしたこともいっぱい出た。

「おうちの人の見学はどうしますか」

さんせいの子、反対の子がいて、挙手をして決めた。「おうちの人は見学してもいい」

ということになった。

いつやるのか、というのも三日後の土曜日となった。

ここで、私が初めに念を押したことは忘れられていた。三日後にできるわけがない。準備ができていないのである。しかし、私は黙っていた。ここは待たなければならない。

翌日、びっくりしたことがあった。子供が私に次のように言った。

「土曜日のパーティー、お母さんが楽しみだって言ってたよ」

「なに！」私はびっくりした。

学級会の決定が一人歩きしていたのだ。これは、のんびり待ってはいられない。しっかり、教えなくてはならない。

「日時については先生の許しがいると言ったでしょう」ということを思い出させ、「今週の土曜日はだめです」とつげ、その理由として、「準備ができない」ことを挙げた。

「司会は、誰がするのですか？」「パーティーで、何をするのですか？」「ゲームの時、指図をする人は誰ですか。どのように言うのですか。ここで、今すぐやってください」

「おうちの人は、立って見ているのですか。椅子の準備をするのですか？」

「後片付けは、誰がするのですか？　どのくらい時間がかかりますか？」

子供たちは、納得した。まるで、何もできていないのだ。パーティーはもちこされた。

そして、「クリスマスのころ、盛大にやろう」ということになった。その後は連日、楽しいパーティーの打ち合わせである。

こうやって子供たちは、「ことをなす」方法を学んでいった。

第4章

水泳指導で一年生皆泳を達成する

二年生のうちに、全員、水に浮くようにさせたい、そう思っていた。しかし、一〇八人の子供がいる。教えるのは三人。教える期間は七月の二週間ちょっと。四五分授業を週に二回、うまくいって三回である。これだけの時間で教えるのだ。

しかも、浮けない子への指導は授業をしながらである。

これはなかなか大変なことだ。

どのような指導であったか、学年通信で、振り返ってみることにする。

1　プール指導始まる

⑴七月三日、四校時はプールであった。

見学者二〇人あまり、そのうち、印の忘れ、用具の忘れが半数。

人数を数えて、泳げない子を体育館側の浅い所に移動させた。一〇人ばかりが動く。

他の子はプール中央まで歩かせて、男子と女子の列を向かい合わせる。近距離から水のかけっこをさせた。ところが、後ずさりするもの七、八人、ベソをかくもの三人がいた。

これはおかしい。8級なら水に浮けるわけだから、水をかけられてベソをかくことはまずない。そこで、いそいで級の再判定をした。

8級だが、本当は級なしの子三人が判明した。逆に、級が上がっている子もいた。
(2)8級と級なしを全員、浅い方にやった。およそ一五人。この子たちを、西川先生と小方先生が個別に教えた。
残りの子は、私の指示で一斉に泳ぐ。つまり、七〇人ほどを一人が見て、一五人ほどを二人が見ることになる。これぐらいでつりあいがとれている。

終了近くなって、泳げる子を全員あがらせ、泳げない子を全員残した。泳げない子は、すぐ出たい様子だったが、むろん、全員残した。そして、給食時間に入って、およそ二〇分、三人で個別に指導した。

そこで、どうなったかというと、八割が水に浮き、前にすすむようになった。

この時、私のクラスの級なしの女の子一人、男の子一人は、印忘れとケガでプールに入っていなかった。残念だった。
(3)水泳指導で何が大変かというと、水に浮かせることなのである。
これができれば、半分終わったと言ってもいい。一年生の時、ほとんどの子が浮けなかった。

泣く子、泣きわめく子、プールサイドの手すりにしがみつく子、それはそれは、すごかった。教育とはおそろしいもので（もちろん、学校、家庭それぞれがんばっているわけだが）、八〇パーセントの子が、浮けるようになってしまった。

その間、泣く子をあやし、身体にだいて、はげまして、水に入れてきたわけである。

(4)浮かせるには、もちろん、コツがある。スイミングスクールに入れれば、一年かかって、ゆっくり、自然に教えるところを、わずか一回、二回で教えるわけだからコツがある。泳げる子をより速く泳がせるのはスイミングスクールがプロ、泳げない子を泳がせるのは、小学校教師がプロである。ところが、個別の指導は毎回できない。一回おきくらいになる。その上泳げない子ほど、アレコレ理由をつけて水に入らない。そこが大変なのだ。

(5)プール開きの時、三組は一〇人ほど水着を忘れた。ほとんど泳げない子だった。

私は教室でかなりきつく言った。

「三年生になっても、四年生になっても中学生、高校生になっても水泳はあるのですよ。逃げないで、今のうちに泳げるようになりなさい。向山先生、小方先生、西川先生がついています」

子供はシーンと聞いていた。

⑹七月五日、プールだった。

この日も同じように、小方先生、西川先生が泳げない子を受け持った。そして、何と、何と、何と、ほとんどが浮けるようになったのである。

その年の夏休み前に、学年で水に浮けない子はほんの数人。しかも、そのうちのほとんどが、もうちょっとなのである（しかし、入ってない子も二、三人いる）。

夏休みには、ぜひ、プールにいっぱいきて二五メートルに挑戦してほしいものだと思っていた。

・七月一〇日、プール。またまた多くの子が上達、水に入った子の九五パーセントはできた。泳げなくて水に入らない子が四人いた。水に入らない子はいくら何でも、教えられない。

2　全員が浮いて泳げた（一組）

全員突破を初めにしたのは一組だった。担任の西川先生は、その時の様子を次のように報じた。

バンザーイ！　バンザーイ！（学年通信、担当西川）

七月一四日（木）第三校時、Ｋ君が泳げたので一組では全員泳げた。「やったあー」と思った。

二組でもあと二人、三組でもあと一人で一〇〇パーセントになる。

夏休み前にどうしてもこの三人を泳げるようにしたい。

もしこれが実現したら、私が教員になってからの初体験になる。二年生で、しかも夏休み前に学年一〇〇パーセントなんて、これは歴史に残りそうである。

天気に左右される。寒くて一学期に二、三回しか入れない時もある。

こういう時は、どんなに張り切ってみてもだめ。

あと一、二回で実現できる。どうぞよい天気でありますように！

向山先生の「なあに」でも報告されたが、泳げない子は、理由をつけて休む。だからいつまで経っても泳げない。

「入ったぞ、しめた、特訓しよう」と思うと、一回は入っただけで、唇は真っ青になり、ガタガタガタガタとふるえ出す。

K君の例を話そう。

プールに入るたびに、二度くらい入っただけで唇がむらさき色になってガタガタふるえ出す。

「級なし、8級は向こうへ集まれ」

特訓を始めると、なおのことふるえる。

両手で身体をかかえこんで、プールサイドで、こわごわ友達が特訓されるのを見ている。

K君も水に入れる。だっこしたり、ほめたりあれこれと作戦を立ててやる。どうやってもだめ。本人の目から涙がポタポタ落ちて教師の腕から逃げようとする。

そんなことをくり返していた。友達は、どんどん泳げるようになっていく。彼もうらやましいのだが、水のおそろしさには勝てないのだ。

一三日の帰り際のことである。

「K君は明日絶対に泳げるようになるからね。がんばろう。約束しましたよ。みんなも応援してね」

「K君がんばれよ」と友達の声があちらこちらから飛ぶ。

家でも家族の人と「きょうこそ、泳ぐ」としっかり約束をしてきていた。

さて、一四日、プールに入った。

全然浮くことができない子、五人を小方先生と指導した。

個人指導になるからこれでも手いっぱいである。

向山先生は一〇〇人近く指導をしている。

五人のうち三人が合格、浮けたのである。一～二メートルほどバタ足で泳げたのである。もちろんK君もその内の一人になった。あと一人B君は、ほんの少しの間自分で浮いていられるようになった。C君は、ふるえていた顔が水につけられるようになった。

K君は、最初、友達の特訓を眺めていた。水に入れてもぐる練習をすると、一、二、三、四まで数えたら、すぐ顔を上げてしまう。そこでY君と「どっちが長くもぐれるかな、競争してみよう」と言うとがんばってもぐった。

何回かやるうちに一〇までもぐり、一五までもぐり、やがて二〇を超した。

「大丈夫、浮ける」と思った。思ったとおり、つかんでいても水中に入っている時間が長くなった。一、二、三、四と大声で数えながら、ドサクサにまぎれて、パッと手をはなしても浮いている。本人は夢中で気が付かないのだ。

「浮けたよ、浮けたよ、自分で浮けたよ。すごいぞ」

と、私が興奮して言うと、ゆがんでいた顔がちょっとにっこりした。

何度かくり返すうちに、ついに五、八、一〇、一五と長い間浮くことができるようになった。

足もバタバタできた。

「おめでとう、合格だよ」

見ている子供たちからも、声援と拍手が送られる。

「よかったね、泳げるようになったね」

K君のうれしそうな顔。

一四日に泳げるようになった三人も、他の日に泳げた子供もみんな同じような経過をたどった。

がむしゃらにがんばって挑戦する子供たちの姿はすばらしい。

二年生バンザーイの日も近い。

3　二年生皆泳まであと一人

次に突破したのは、私のクラスであった。一年の時病気のためプールに入れなかったOさんが泳げたのである。

ついにおよげた

三組　H・O

わたしは一年の時、びょうきでおよぐことができなかった。

それで二年生になって、プールびらきの日にはぜんぜんおよげないし、みんなよりおくれているので、プールがとてもいやだった。

でもわたしは、どうしてもういたりじゆうにおよぎたいので、西川先生におそわりました。

さいしょはこわかった。

なのに、西川先生はにこっとわらって、「もうちょっとで八きゅうじゃない」とほめてくれました。

わたしもにこっとわらって「ハイ」といいました。

わたしは一人で、けのびとバタ足のれんしゅうをして、水の中で、「八きゅうかりますように」と、おいのりしました。

わたしは、およぐれんしゅうを何回もしました。でも、はじめは、しずんでしまいました。およぐれんしゅうを何回もしたので、バタ足ができるようになりました。

わたしは、よろこんで二年三組のみんなに、「八きゅううかったよ」としらせました。

それから、小方先生と向山先生にもしらせました。わたしは向山先生に、「赤いせんをひいてください」といいました。

せんせいは、「きょうしつで引いてあげるよ」といってくれました。

わたしは、いそいで目をあらい、シャワーをあびて、きょうしつへ走っていきました。

そして、はやくきがえてぼうしをもって行きました。すると先生は、やくそくどおり赤いせんをひいてくれました。

わたしは、よろこんでうちへ帰って、ママやパパやおねえちゃやまにしらせました。みんなは、「よくがんばったわね」「クーちゃんすごい」と、いっぱいほめてくれました。

つぎのプールの日、はじめに自由時間がありました。その時、わたなべさんといっしょにおよぐれんしゅうをしました。わたしは、七きゅうもうかりたいのでがんばりました。

わたしたちがおよぐれんしゅうをしているとちゅうに、小方先生が、「あなた、およいでごらん」といいました。わたしは、むちゅうでおよぎました。
するとい方先生が、「もうあなた七きゅうよ」といいました。
わたしは、うれしくて、また向山先生に赤いせんをひいてもらいました。
わたしは、またまたよろこんでうちへ帰ってパパやママにしらせました。
いまはもう七きゅう。
わたしはプールはこわくない。およぐのが大すきです。

・本日、七月一七日、今まで一度も水に入らなかった女の子がついに水に入った。西川先生がつきっきりで指導。チャイムがなっても続けて、ついに八級合格。「顔をつけたらすぐ赤線あげますよ」と私が言って、また泳ぎ、これが何と七級ラインまでバタ足でいってしまった。これで今年は何十人も浮けたことになる。

今日は、その上、次々と上級の合格者が出た。水に浮ければ、あとは伸びていく。最後の一人も、だんだんと向上している。顔を水につけず、教師にしがみつき、泣きさけんでいた子が、「五」を数える間、手を離して水に浮かせても大丈夫になった。あと一息。

4　保護者からの便り

教師の熱意は、保護者にも伝わる。保護者の反応を報じた学年通信(西川先生担当)である。

お手紙をいただきました。

学校は水泳指導が続く日々です。おそらく子供たちは、毎回、帰宅するとおうちの方にその様子を伝えるのでしょう。本日は、水泳指導に対するお手紙を紹介します。

いつもお世話になりありがとうございます。

親が(子供も)うれしくて筆を取りました。

いつも水泳のある日は泣いて、「プールに入るのはいや」と言っているのを、「先生の言うことを聞いてやればできるから」と言って印を押してきました。今日も今日とて泣いていた子が学校から帰るとうれしそうに、

「お母さん、今日私ね、プールでういたよ。先生の言った通りにしたらういたよ」と、言っていますので、

「よかったね」と言うと、

「うん、先生の言った通りだった」と喜んで、その後が、

「私、早く八級になって、お兄ちゃんをぬくの。お母さんがんばるからね」と、自信のついた娘は、今度はプールのある日が楽しみになったみたいです。

本当に、うれしかったらしく、夕方になって、又、プールが出来た話をしました。

「出来てよかったね」と言うと、「うん」とうれしそう。

これからも大変でしょうが、およげない娘のためによろしくお願いします。

Aより

昨日まで涙をこぼしていた子どもが、今日は、泳げるようになる。必死で泳いで昨日より級が上がる。その時の満足そうな顔を見る時、教師冥利に尽きる。

「きょうは、絶対に残りの二人を泳がせましょうね」と、小方、向山、西川で誓い合った。

きょう初めてプールに入ったSさんと、まず手をつないでみんないっしょにプールの中を歩いた。初めてなので泣くかと思ったら、すました顔である。内心ホッとして、「うん、これはいける、大丈夫だぞ」と思った。

「顔を水につけてごらんなさい。一、二」「すごいねぇ」。

「今度は、四まで、はい、一、二、三、四」

「びっくりした。こんなにつけられるなら、きょう一日で泳げちゃうねえ、すごいなあ」

「じゃあ、一〇までね。一、二、三……九、一〇、一一……一六、一七」

なんと、一〇どころか、一七まで、である。そして、二〇を数えても、つけていられるようになり、三〇……三五となる。

次はSさんの腰を持って浮かせてみたら、手も足もまっすぐのばす。姿勢がすばらしかった。恐ろしくて手や足をのばせない子が多いのに、彼女の素直さとがんばる気持ちに驚いた。

弱音を一度もはかなかった。すごい。こちらの言うとおりにやる。パッと手を離したら少し自分で浮いた。少しずつ浮く時間が長くなっていく。

足もバタバタさせてみた。何と前へ進んでいく。自分で泳げたのである。8級の合格をどうしようかと思っていた。小方先生と向山先生も応援と確認のため泳ぐのを見た。

「7級に合格！」二人の大きな声と拍手。

最後に三メートルも泳いだ。きょう一日で三メートル泳ぐ上達ぶり。教師冥利につきる。

5　もう一息!!

二組の小方先生は、学年通信で次のように報じた。三人の教師が呼吸を合わせて指導することがどれほど大切か、分かると思う。

この最近の暑さは格別です。教室の子供たちは汗びっしょり、私も汗びっしょり。思わずうちわでバタバタ風を送りながら「ハイ○○ページ開いて……」。とたんに「先生、ずるい!!　先生いいなあ」。すかさず私。「下じきを出してやりなさい」。みんなバタバタ、N君がハダカになる、「ちょっとハダカは失礼ね、着なさい」。もう授業にならない、とにかく暑いのです。

そんな中でのプール学習はみんな大よろこびです。「先生、今日プールありますか」。会うとまっ先に聞くM子さん。「あるわよ、プールはどこへも行きません」。意地悪くそんな返事をする。「先生、今日、プールへ入れますか」。「そうねえ、こんなに暑いから入れそうね」。「ワーイ、プールあるって」。子供たちは天真らんまんです。

うちのクラスのSさんが泳げるようになった。西川先生がつきっきりで指導してくださった。Sさんは一年入学当初、軽い肺炎で入院して以来、とかく病気がちで欠席も多かった。食事も細くいろいろな面で消極的だった。何か一つふみ切れない弱さが見られた。そのSさんが、初めてプールへ入り、その日のうちに、わずか三〇分の間に7級になったのである。Sさんは実に素直に、西川先生の言われるとおりに体を動かした、手も足もそして心も言われるままに、水に浮かべたのである。

西川先生の必死な努力に感謝するが、Sさんのすべてを先生にまかせたような素直な気持ちにも感動した。

「元気になって学校へ行くようになっただけでも、ありがたいと思っています」というお母さんの言葉が思い出される。この7級になったという事実が、これからのSさんの大きな力になることを信じている。

ところで私は、自分のクラスの泳げない子二人を何とかして泳ぐようにしたいと思いながら、自分のクラスの子はできないのである。「小方先生!! 小方先生!!」泣き叫ぶ声を聞くともうそれだけで、胸がつまってダメなのである。「気持ちわるい」と言うと気持ちがわるくなり「寒い〜」と言ってくちびるをまっ青にするともうこちらまで、ぞくぞくしてくるのである。西川先生や向山先生にまかせた方が早いのである。よく大店の主人が、自分の子供を外へ出して修業させ、やがて自分の店をもり立てていく力をつける話があるが、それと同じようなものである。

だからむしろ、一組や三組の子どもを見るほうがらくで（みんな泳げるけど）、「あら!! すごい、びっくりしちゃった、あなた、もう、6級になれそうよ」と軽く言えるのである。人の子にきびしくなれても自分の子にはあくまでも甘くなる母親と同じなのである。教師としては困ったことである。

《夏休みの課題について》

できればがんばってやってみよう

- 日記　作文　プールの進級
- コンクール参加作品（別プリント）
- 旅行記ろく（地方のようす）　観さつ記ろく（虫）

6　やったあ、全員泳ぐ！

そして、夏休みに入る直前、最後のドタンバで、全員できたのである。私は嬉しくてしかたがなかった。すぐに、通信を書いて教員室中に配った。

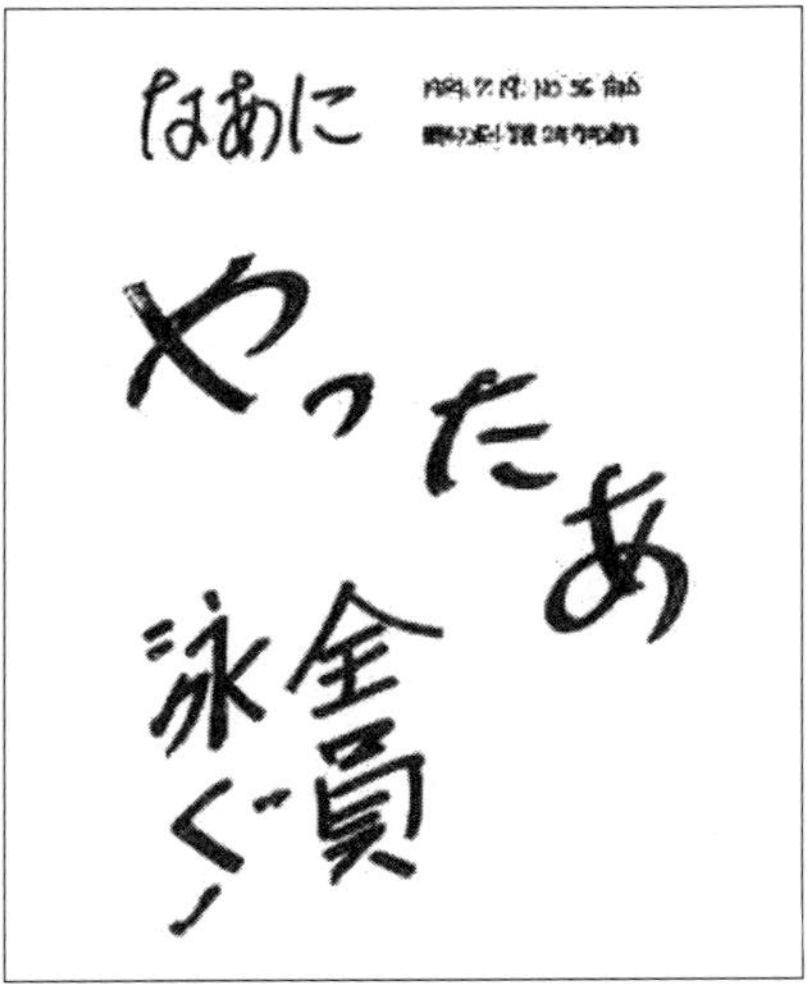

「なあに」（1989年7月19日）

・突然ではありますが、地域住民の皆様、全国津々浦々の皆様。やりました。快挙です。

これを快挙といわずして何を快挙といいましょうか。

その一瞬、調布大塚小学校のプールサイドは興奮のウズでした。全員がプールサイドにすわり、プールを見つめています。

プールの中は、小方先生、西川先生、T君です。T君は西川先生の方から小方先生の所まで三メートルぐらいを泳いだのです。

拍手、拍手です。

みんなで万歳をしました。こんな時こそ万歳をすべきです。

「調布大塚小学校二年生バンザーイ」、バンザイが三度とどろきました。

教員室でも誰かれとなく、デキタ、ヤッタとふれまわります。教頭先生は、「二年生で全員は聞いたことがない」と言っていました。教頭先生の専門は体育です。私は、もう、校内放送をしたいぐらいでした。

T君のコメント、「水がこわくなくなった。うれしい。いっぱいうれしい」
・全員泳げたらパーティーをやる、盛大にやると子供たちに約束しました。ですから当然パーティーをやります。

〈全員泳げたことを祝うパーティー〉
日時　八月三〇日　一一時
所　本校体育館
形式　保護者の一品さし入れをテーブルにズラーと並べた立食パーティー。

（たとえば、サラダ、サンドウィッチ、おにぎり、からあげ、パンケーキ……腕によりをかけた一品をおさし入れ願います。くわしくは明日。）

7　夏休み大パーティー

全員泳げたら、大パーティーをやろうということになっていた（こんな約束をして、もしできなかったら大変だ。それだけいつかできるという確信はあったわけだが）。

そこで、終業式の日に、プランを印刷した。学年通信を配付した。学級代表の保護者の方とも相談をした。

かなり大規模なパーティーである。

《夏休み学年行事　全員が泳げたことを祝う持ち込みパーティー》

(1)　日時　一九八四・八・三〇

一〇：〇〇　委員体育館集合（テーブル配置）

一〇：三〇　児童登校（各教室）持ち込み開始

一一：〇〇　パーティー開始（保護者と子供）

一二：三〇　閉会　片付け（全員）

(2)　場所　体育館

(3) 出席者　児童、保護者（但し夏休み行事につき希望者のみ）
(4) 持ち込み料理…自由（一人一品程度）（いたみやすいものは避けてください）
（一九七七、一九八〇年の例）
マカロニサラダ、ソーセージの串あげ、肉だんご、ビスケット、ドーナツ、そば、つけもの、おにぎり、レーズン入りケーキ、夏みかん、スイカ、やき肉、ココナッツクッキー、からあげ、野菜サラダ、フライドポテト
(5) グループなどで料理を作ること…自由
(6) 忙しいからバナナなどにすること…自由
(7) 誰が何をどれくらい持ってきたかという記録…やらない
それぞれの人がそれぞれに持ってきたことで十分です。誰が何を持ってきたか、知らなくていいことです。
(8) 当日の準備（個人が持ってくるもの）　紙コップ、とり皿、はし（など）
(9) 委員が用意するもの　麦茶程度ののみもの、氷。
(10) 費用…後日集金（一人、五〇円くらいか？）
準備…委員さん方で前もって打ち合わせの必要があれば、二年担任が日直の時などを

利用して学校へ。


全員が泳げるようになりました。快挙です。

快挙にふさわしいパーティーをやります。

お伽話の世界を体育館に作り上げるのです。

自由に何でも食べられる空間。保護者の力を合わせればできます。

私は調布大塚小で二回経験があります。

「夢のようだ」と子供は言います。

多分、人生に一回あるかないかのお伽話の空間ができるのですから……。

大変なことは分かります。不安のことは分かります。

買い物の時などに話しあって、成功させる方向でお考えください。

(もちろん反対の方もおられるでしょう。しかし、これは夏休みの自由参加の行事です。反対の方は、そっとご欠席ください)(いや、黙ってご出席ください)

持ち込みパーティーを成功させるようご協力ください。担任一同のお願いです。

大盛会だった。旅行中の人をのぞいてほぼ全員が出席した。親子・教師で二〇〇人の参加者である。パーティーは体育館で開かれた。

机がコの字型に並べられた。一辺が七、八メートルである。その上に料理が並べられた。ぎっしりである。何せ九〇種以上の料理が並べてあるのである。豪華、絢爛、華麗、これはもう見ただけで「すごい！」という状態であった。しかも、どれを食べてもいいのである。好きなだけ食べていいのである。

形どおりあいさつがあって、本番になった。

子供たちにまず食べさせた。それからおくれること五分ぐらいで、保護者も仲間入りした。みんな、口々に「おいしい」の連発である。それは、そうである。家庭料理のプロであるお母さん方が、この晴れがましいパーティーに、腕によりをかけた一品を持ち込んだのである。えりすぐりの一品である。うまいに決まっている。

みんな、少しずつ皿にとっていった。全部試食してみたいらしいのである。めずらしい料理もたくさんあった。

「どうやって作るのか」などという臨時の講習会が、そこここで開かれた。

校内にいた何人かの先生方もやって来られた。おいしい料理を十分に食べて、久しぶりに顔を合わせて、実に楽しい一日であった。次はある保護者からの便りである。

先日のパーティー大成功で本当に良かったですね。こんな思い切ったことを考えつき、実現させた先生方のおかげと感謝致します。子供たちにも良い思い出になったことと思います。

もちろんお母様方のすばらしい工夫に満ちたお料理の数々には「すごい！　わあー！　ヘエー」と感嘆詞の連発で味わわせていただきました。

先生、まだまだ残暑厳しいこの二学期、親子ともどもよろしくお願いします。

第5章

学年で自主的な研究授業をする

1　大もうけをした

一九八五年の一月下旬、同学年の西川満智子先生が体育の研究授業をすることになった。学校としては、「理科の研究」に取り組んでいる。全員が研究授業をする。だから、体育は番外編である。自主的な「学年の研究授業」ということになる。もちろん、手のすいている先生方は誰が参加をされてもいい。当日は、ほとんどの人が参加をした。

しかし、形としては自主的な「学年の研究授業」である。こういう研究授業が調布大塚小学校ではめずらしくない。

講師は千葉大付属小学校の根本正雄氏にお願いすることにした。

西川先生は着々と準備を始めた。

「研究通信」の発行を始めた。初めは、「体育研究の思い出」である。私とのかかわりにもふれられていた。

(1)体育の研究授業の出発点

西川満智子

私が体育の授業を正式に人の前でしたのは、新卒以来二回である。一回目は、九年前に前任校の多摩川小学校で「台上前転」を扱って授業をした。

その時は、体育のたの字も勉強してなかったのに、こわさ知らずでやった。体育のベテランの吉野先生が指導してくださったので、すべてたよって無我夢中でやった。

二回目は、調布大塚小学校に赴任した年の一一月二九日であった。

この時は一、二年の先生方が自主的に授業をしてお互いに見合った時である。向山先生は、四年生の担任であったが、見にきてくださった。

この時に向山先生から授業の感想を書いたお手紙をいただいて、本当にびっくりしたことは忘れられない。この内容は、あとで公開したい。

この二回の授業を通して、私はものすごく大もうけをした。

まず、私が体育の授業を好きになったことである。

それまでは体育が大嫌いで、体育がある日は、「雨が降りますように!」「行事で体育がつぶれますように!」と祈っていた。

何をしてよいかよく分からなかったし、校庭で人に見られるのも自信がなかったし、並べるのに大声で怒鳴っても子供たちは、なかなかサッと集まってくれなかったし、もう嫌で嫌でたまらなかった。

初めての体育科研究授業を行った。この時は、次のような条件を備えた体育の授業がよい授業であると考えていた。

一、子供が整然と並ぶ
二、教師の説明を静かに聞くことができる
三、教師は細かく、くわしく説明するほどよい
四、用具が正しく出し入れできる
五、子供たちが協力しあって、できない友達を助ける
六、子供たちの行動が敏速である
七、跳び箱・なわ跳び等、一人ひとりがやる回数を多くする

(2)短い指示と運動量の確保

私自身も、長い説明を授業の中に取り入れていた。

画用紙にいっぱいとび箱の台上前転の絵を描いて（同僚に上手に描いてもらった）、次々に黒板に貼りながら説明をした。

それを、子供たちがきちんとすわって静かに聞いていることがよい授業の条件だと思っ

ていた。今思うと七、八分は説明していたと思う。

『指示を短く』なんて思いもよらなかった。

運動量を多くするために、一人ひとりが跳ぶ回数をできるだけ多くしよう。そのためには跳び箱の数もふやそうということで用具をたくさん用意するということには重点をおいてやった。

授業後の研究協議会で言われたことの中で、次の三つが今でも生きている。
一、授業を細切れにしないで二〇分間くらい、先生は黙って見ている。子供たちに、くり返しくり返し同じことをさせると上達する。
二、一人の子供を追って運動していた時間を計ったら一分四八秒でした（私は二〇分間くらいしていたと思っていた）。
三、授業前の子供たちのようすを見ていたら、全員が活発にいろいろなわ跳びをしてとても上手でびっくりしました。
一回ずつぐらいまわったところで「集まれ」と集めては指示を出し、また一回ずつぐらいまわったところで「集まれ」ピーッと笛を吹いていた私にとって、〈二〇分間黙って教師は見ていて、くり返しくり返しさせる〉の言葉には度肝をぬかれた（この時の発言者が京浜サークルの石黒氏であることをずっと後になって知った)。

一分間だって、黙って見てなんていられない。

絶えずしゃべりまくって、子供に声をかけるのが、教師の役目だと思っていたからである。

〈実際に子供が運動していた時間は一分四八秒です〉

私が考えていた二〇分間とは、えらいちがいである。

「そんな、バカな」と思ったが、実際に時計を見ながら記録していたのだから事実である。

『四〇分間のうち一分四八秒』

いったい、残りの三八分一二秒間は、何をしていたのだろうか。

並んで順番を待ったり、すわって説明を聞いたり、友達がするのを見たりしていた時間になる。確か同僚も計ってくれたが同じような結果であった。記録の大切さを私はそのころ分かっていなかったので、メモを捨ててしまって残っていない。

「体力づくりにすすんではげむ子をめざして」がその時の研究テーマであった。

「基本の運動」を初めて学んだのもこの時であった。

第二回目に授業を見ていただいた時も、同じ考えで計画を立てた。

この時は、「学年の中で自主的に授業をして、お互いに勉強をしましょう」という桐谷先生の社会科の授業を皮切りに次々に研究授業を行った。

一、二年生で見合ったので、小方先生も二年生の担任で仲間であった。小方先生は音楽の授業をなさった。印象深い授業だった。

私は、自己流に計画を立て、指導案は前年に多摩川小でやった時とそっくりそのまま同じ形式で書いた。

一年生の置きかえリレーをした。

恐る恐る向山先生にも指導案を渡して見ていただいた。

授業が終わって給食を食べ終わった昼休みに、感想を書いた手紙が届いた。

桐谷先生の社会の授業の後に渡した手紙を見て、私も手紙がほしかっただけに嬉しかった。しかし読むのにこわい気もした。

(3)向山先生の体育授業観を知る

私なら三、四日ぐらい悩み抜いて書く手紙が、その日のうちに、しかも二時間後には届いたのだから、ますます驚いた。

最初の四行目あたりを読んで腹が立った。なぜならば、向山先生は次のように書いておられたからだ。

（中略）本来ならば、授業の感想と共に指導案の分析を述べるところなのですが、指導案の分析は略させていただきます。

　時間がないこともありますが、指導案について述べる意欲がわかないためです。「何でも言ってください。本当のことを言ってください」という西川さんの言葉を信じて、意欲がわかない原因を言いますと、指導案が形式的すぎるからです（形式が悪いということではありません）。

　授業に比べて、指導案の内容は、かなり見劣りするのです。

少し自信あり気味に渡した指導案に「形式的すぎるとは、何だ」と思った。形式を見習って書くことで精いっぱいの私には刺激の強い言葉だった。今考えてみると、指導案の内容はどこかの本からのまる写しだったのだ。

では、形式的ではない指導案とは、どんなものか見本を見せてもらいたいものだ、と心の中で思った。

しかし、そのころは、そんなことを言えるほど親しくなかったので、グッと腹におさめた。

ずっと後になってやっと意味が分かった。

向山先生がなさった社会の授業のぶ厚い指導案と理科の奮戦記で分かった。全く今まで見た形式からはずれていた。すばらしいものであった。素直に手紙の内容を認めることができた。授業の内容そのものについても、鋭く的確に批評をしてくださった。今読み返してみても、なるほどとうなずくことばかりである。

また、こうして体育の授業をする機会に恵まれたので、読み返している。


さて、授業ですが、とてもよいと思いました。このことに尽きます。

これだけではもの足りないので、良さについて少しくわしく述べてみます。

良さの第一は、運動量が多いということです。

良さの第二は、いくつもの運動が組み合わされているということです。

良さの第三は、子どもたちをみごとにつかんでいるということです。

西川さんの今までのご精進がうかがわれ、授業を参観しているあいだ中、すばらしいなあと思い続けていました。

これだけで終わりでは、「何でも言ってください。本当のことを言ってください」という西川さんの言葉に対して失礼なので、ファイトがわいてくるような感想も述べておきたいと思います。

私は、体育の授業の中心をなすのは、次の三点と思っております。

一　安全への配慮
二　技術の習得
三　汗をかくほどの運動量

この他につけ加えるとすれば、次の二点も入ると思います。

四　仲間と一緒にプレーすること
五　何かの発見があること

西川さんのご授業は、一・三・四にウエイトがかかっておりました。二・五がほとんど見られませんでした。

このことが、先生の欠点になっています。私なりの言葉で表現すれば、「スポーツへの美意識が欠如している」ということです。

西川さんの「スポーツへの美意識の欠如」は、二つの面で見られました。

一つは、運動をリズムとしてとらえることが不足しているということです。

先生は、笛ではなくタンバリンを使われました。笛よりタンバリンの方がよいと私も思います（ピアノの方がもっとよいのですが……）。

どうして、笛ではなく、タンバリンの方がいいのですか？ 西川さんはどう考えますか？私は、タンバリンの良さは、リズムを表現できることにあると思っています。ところが先生は、笛と同じように、合図にのみタンバリンを使われていたのです。

また、西川さんの体育の授業の中で、リズム性のある動きは、スキップの指示だけでした。なわ跳びを教えていたのですから、もっと、いろいろな動きを指示できたはずです。「美意識の欠如」のもう一つの面は、運動技術の習得ということを、あまり考えられていないことです。

何かの動きを指示する時には、たとえばわずかではあっても何か新たな技術の内容が含まれていなくてはならないと思います。そのためには、一つの運動の中から、たくさんの技術内容をとり出し、その一つ一つを指導していくという授業の組み立てが必要となります。そういう面での、努力・蓄積の不足を感じました。

以上が私の感想の中で、主要なものです。それ以外に、小さなことだが大切と思える感想をつけ加えます。

一　小さな台の上に赤玉を置きかえるという運動の次に、白玉を付け加えるところが、面白く思いました。

子供が指示どおり動かず混乱したわけですが、授業らしい場面だと思いました。指示に対して子どもが混乱したとき（私にはしょっ中あることですが）教師がどうするかということの中に、授業の本質があると思えるのです。

二　だから、形だけきちんとするような動き（たとえば輪を作ってすわる）などは、ほとんど興味はありませんでした。

三　一に関連してですが、子供が混乱したのは、二つのことを一度に指示したからだと思います。

A　赤玉と白玉を一つずつ置く

B　台の並べかたを横から縦にする

一時に一事の指示をするのが原則と思います。

四　ある技術を教える時、私は必ず全員の子どもを集めてから指導します。そうしないと、授業がぐずついていきます。

以上、言いたいことを書きました。

私は、自分のことは棚にあげて、言うだけのひどい人間ですが、それでも、言うだけでも意味があると思い筆をとりました。

私は、授業研究を見せていただいた時は、原則としてこうして手紙を書いて参りました。趣味だとお考えください。

それでは、今後の御精進を祈ります。

西川満智子先生　一九七九・一一・二九　向山洋一

⑷向山先生からの2度目の手紙

二回目の授業を見ていただいてから五年間が過ぎ去っている。

その間に、「体育」を少しずつ意識しながら学び取ったことがたくさんある。私自身が「体育」を好きになったから興味と意欲が常にあることは確かである。やっぱり二度の授業は大きい、い、い。私の三回目の研究授業のこの日は二〇分ほど見て、お手紙を下さった。

向山先生からの二度目の手紙である。

授業を参観して

家庭訪問がありますので時間が一〇分くらいしかありません。ですから、欠点のみを書きます。時間がないので、表現がきつくなるかもしれません。本意ではありませんが本音です。

一　授業の流れがくどくて、理屈が多く、そのためぎくしゃくしています。
それは、次のことが原因です。

A　基本をきちんとおさえていこうという視点に欠けています（二年生なのに、どうして四段もの跳び箱を教えるのですか。二段で十分です）。

B　運動の種類が少なすぎます。
もっと多くの（一〇種類は超えるぐらいの）同系列の運動を、次から次へとたたみかけていくようにならなくてはいけません。

そのぐらいのものをもっていなくてはいけません。

C　説明が長すぎます。短くしたつもりでしょうが、まだまだ長いです。私の一〇倍以上あります。三〇秒を超える説明は、だめです。私は多分一〇秒以内です。

二　跳び箱を跳ばせている時、「よい、わるい」と評価していましたが、でたらめに近いです。

Ａ　何がよくて、何がわるい動きなのか、分かっていないからです。

Ｂ　これは、自分で苦労しながら身に付けていかなければ、決して身に付かないものです。子供の動きを評価できることを、教師も自分に習熟させなければならないのです。

三　体育の何よりも大切で大きな目標は、健康な身体を育てることです。ですから、運動量を多くすることは、何にもまして必要となります。ですから、体育の時、自分に問うてみるといいのです（今日の授業で、子供たちは、汗をかいただろうか？）

四　後半の跳び箱の指導で、全員を評定していったこと自体は、たいへんいいことなのです。先生が評定してくれるから、子供たちは次々と挑戦してくるのです。

　このようなことが、前半のマット運動でも必要でした。

家庭訪問の約束の時間です。あわてて出かけて行きます。

一九八〇・六・五　　　　　　　　　　　　　　　　向山　洋一

2 研究授業指導案

「研究通信」に続いて、指導案が配られた。教材の分析、児童の実態の調査も含んだものだが、要点のみ紹介する。

・教材 短なわの連続跳び、スピードアスレチック（体育館で跳び箱、マットなどを使ったアスレチック）。

学年の研究授業の時、西川先生は立派な指導案を配った。本時の部分は次のとおりである。

「発問・指示」は枠組に入っている。

・本時の展開

	学習活動	指導上の留意点	施設・用具
	線の上を歩いて、友達と会ったらじゃんけんをします。負けた人は勝った人をおんぶして一〇歩歩きます。五人以上の人とじゃんけんをしましょう。		床上の線

①　準備運動　5分

●床にある青・黄・白の線の上を自由に歩く。

●たくさんの人とじゃんけんをさせる。

今度は、勝った人は立っていて、負けた人はしゃがんで歩きます。五人以上の人とじゃんけんしましょう。

●線の上を自由に歩き、じゃんけんで勝った人は立って歩いて負けた人はしゃがんで歩く。

●負けた人は、きちんとしゃがんで歩くようにさせる。

短なわを用意しなさい。大きく間をとって並びます。
①　前回しを一〇回
②　かけ足跳びを一〇回
③　あや跳びを一〇回
④　交差跳びを一〇回
⑤　後ろ回しを一〇回

短なわ

②　なわとび　15分

●①から⑤までをそれぞれ一〇回ずつ行う。
「失敗しちゃった」「わあ、できたあ」

●できない跳び方でも途中でやめないで、一〇回までは続けさせる。

●どの跳び方を組み合わせてもいいです。得意な跳び方で一〇回ずつ、三種類を連続で跳びなさい。
●次に、四種類跳びなさい。

●自分の好きな跳び方を三種類組み合わせて連続で一〇回ずつ跳ぶ。次は、四種類で四〇回跳ぶ。
「四つもできないよ」「むずかしいな」

●三〇回だけなので失敗のないように続けさせる。
●四種類の跳び方でできない子は、同じものを二回やって、四〇回跳ばせる。

① 準備運動 5分

では歌に合わせて連続跳びをしてみましょう。「もしもしかめよ……」

今度は「ぶんぶんぶんはちがとぶ……」（教師が歌う）

教師が歌って、それに合わせて跳ぶ。

自分でも歌いながらする。

「もしもしかめよ」「ぶんぶんぶん」

「失敗しなかったよ」「できたよ」

●歌に合わせてリズミカルに、楽しく跳ぶようにする。

●上手な子はみんなに見せてやる。

短なわを片付けて集まりなさい。

スピードアスレチックをしますので準備を全員でします。

一班は、平均台を二つ用意します

肋木

平均台

跳び箱

ガードネット

二班は、跳び箱を二つ用意します
三班は、マットを跳び箱のところに大きいのを一枚置きます
四班は、カラーマットを大きいマットの上に二枚置きます
五班は、ガードネットを三つとボールを用意します
六班と七班は、カラーマットを三枚たてに並べてしきます
八班は、先生のお手伝いをして、フラフープと跳びなわと画用紙をはります

用意を始め

●全員で準備をする

みんなで協力させる

準備ができました。これからやり方と順番を言います。

ボール
マット
フラフープ
跳びなわ
はんこ
画用紙
マジック
セロテープ

③　スピードアスレチック　25分

●一人の子どもを例に出してやらせながらやり方と順番を説明する
●にわとりチーム
●ももたろチーム
●ひこうきチーム

●特に「いもむしごろごろ」がいいかげんにならないように注意する
●はんこの数によって点数が決まることを理解させる

始めます。
できるだけ大勢ができるようにがんばりなさい、よーい、どん！

●説明どおりにやる
「がんばれよ」「はやく、はやく」
「なんだ、おそいな」

●順番とやり方が違わないように気を付けて見ている
●B男に気を付けて見ている

終わりです、集まりなさい。
点数を発表します。

●にわとりチーム　点
●ももたろチーム　点
●ひこうきチーム　点

○○チーム一位
○○チーム二位　です
○○チーム三位

●各チームごとの得点を発表する

「やったあ」「かったね」

●結果にこだわって、友達とケンカをしたり、せめたりしないようにする

これで終わりにします、みんなで協力して出した物を片付けましょう。

用具を片付ける

この後に、授業で見てほしいところが書かれていた。

3　研究授業を終えて

研究授業の後、西川先生は八枚もの反省文を書いて教員みんなに配った。そのうちの二枚を紹介する。以下、「通信『体育』大もうけをしました」より。

(1)嫌いな体育が好きになった　反省　一九八五・一・三〇

●「授業をして、一番勉強をするのは私なのだから、一番得をするのは自分自身なのだから」と、いつもそう思いながら研究授業をしてきました。

そう言い聞かせながらも、やっぱり、まわりの人の目を気にしたり、小さくなってしまったり、うしろめたく思ったり、何とも言えない複雑な心境になってしまうのです。「授業を人に見せて批評を請う」ということは、教師にとっては最高の修業であるはずなのに、なぜ、小さくなってしまったり、うしろめたく思ったりするのでしょう。へんだな、へんだなと思うのです。

学校によっては、研究授業などしようものなら、白い目で見られるからとてもできない、というところもあります。

私が一番初めに体育の研究授業をしたのは、指導案の中に書いたとおり九年前でした。その時は、〝体育〟の〝た〟の字も勉強していませんでした。急に区教研で体育を発表することになりましたので、ものすごく迷って「する」ことを承諾しました。授業よりも、まわりの人の目を気にしました。

「あら、西川さんは体育部でも何でもないのにどうして体育の授業をするのかしら」などと言われて、身が縮む思いをしました。でも、その時から「体育」を意識しはじめました。もちろん普段の授業の中でです。

嫌いでたまらなかった「体育」を好きになりました。ほんの、ほんのちょっぴりですが、自信をもって楽しくできるようになりました。

やっぱりやってよかった、と後になってからしみじみ思ったのです。人の授業を見るだけでは、よほど印象に残らない限り、内容は消え去ってしまいます。

自分を成長させるためには、自分でやってみることだということを心から感じたのがこの時でした。

●調布大塚に赴任した年に、一、二年の先生方と自主的に授業をしてお互いに見せ合いました。

〝自主的に授業をする〟初体験でした。提案者は桐谷シロハ先生でした。「いいえ私は絶対にしません」、と言う人が多いのに、世の中にはこんな人もいるものかとびっくりしました。

この時、小方先生は、ＯＨＰを使っての音楽の授業でした。

これも忘れられません。私は二度目の体育の授業をしました。前の指導案で紹介した向山先生からの厳しい手紙は今でも大切に持っています。この時から、もっと体育が好きになりました。

ただ、いろいろな教材、たとえば、跳び箱、水泳、サッカー、バスケットボールなどについては、技術や規則についてくわしいことが分からないので、全く自信がありません。今でもそうです。

ただ、嫌いだったものが好きになったということです。

今まで、意識しなかったことを意識してやるようになったということです。

⑵研究授業のウラ話　反省　一九八五・一・三〇

①今回は、私にとって三回目の体育の研究授業でした。人に見ていただけるような自信は

全くなかったのです。二日前からへんな夢を見続けて、胃が痛くなりました。「勉強できるぞ、勉強できるぞ、また大もうけができるぞ」と、一所懸命に自分に言い続けました。

②講師の根本先生は、昨年の半年間に、「教育技術の法則化運動」（向山先生が発起人）で体育に関する論文を百本以上書かれた方です。明治図書の雑誌に載っていた論文を読んでほれぼれしました。体育の教材に関するアイデアがすばらしいです。

授業をする前にお手紙をいただきました。

「もしできましたら、三日くらい前に指導案を送ってください。そのとおりに私も授業をしてみます……」

根本先生の人柄がにじみ出ているなあと思いました。思ったとおりの実直で研究熱心な先生でした。協議会の時、もう少し時間があれば、ざっくばらんにみんなで話し合い、根本先生にもっとたくさん教えていただくことができましたのに残念でなりません。

幸運なことに、夜の学年会で授業についても体育についても詳しく聞くことができました。ここで、またまた大もうけができました。

『「あれはいいな」と思ったことがあったら、とにかくまねてそのとおりにやってみることです』

根本先生が言われるように、確かに、〃すばらしいな〃と思うだけでは何も生まれてきません。

まねて、やってみて初めて何かが事実として生まれてきます。〃いいな、すばらしいな〃と思ったことは、できる限りまねてやってみようと思いました。できる限り、職場の中でも、「あんなことがよかった。こんなことがすばらしかった」と教えていただけたらうれしいです。私の悪いところも陰の声ではなく、直接言っていただけたら、体育に限らず、なおしていきたいです。

③六年ぶりの体育の研究授業でしたから、指導案の書き方から全然分かりませんでした。先生方に教えていただいたり、本をひっくり返したりしながら、結局、自己流に書いてしまいました。文句をつけたくなった方もいらっしゃることでしょう。

④昼休みに体育館へ準備をしに行きました。

私の頭の中には全然なかった計算外のことがありました。使わないマットや跳び箱がじゃまになるのです。重くて一人では運べません。肋木のセットも大変です。いざやり出したら、あれも、これも、いっぱいやらなければなりません。一人ではだめです。尾花先生のところへ助けを求めに走りました。
するとと子供たちを連れてきて、サッサッサッと準備をしてくださったのです。

髪の毛をとかしたり、口紅をつけなおしたりするどころか、髪を振り乱して、真っ黒になって、胃が痛くって……というありさまでした。

⑤五校時は、四年生の合同体育が割り当てられた時間でした。何も交渉しないで自分のことだけ考えて進めていました。朝、竹内先生に言われて、初めて気が付き、四年生の先生方に謝まりました。本来なら怒鳴られるところを「いいわよ、いいわよ」と気持ちよく(?・)言っていただきました。

心の中で感謝の手を合わせるばかり。本当にありがとうございました。

4　講師　千葉大附属小・根本正雄氏

さて、講師の根本先生は、来られた翌日、西川先生あて、小方先生あて、私あて、そして校長あての四通の手紙を下さった。どれも、びっしりと書き込まれていた。

その後「教育技術法則化運動　千葉弥生会」の通信一二八号、一二九号、一三〇号でこの日のことを根本氏は以下のようにまとめた。

千葉大附属小　根本正雄

一月二八日、あこがれの調布大塚小学校にお伺いいたしました。西川満智子先生の体育の授業におまねきをいただいたからです。

調布大塚小学校に行き、次の三点を学んできました。

一、西川先生の見事な授業　二、学年集団のすばらしさ　三、向山学級の子供たちの姿

一　西川先生は短なわと「固定施設・器具・用具」を使っての運動を展開してくださいました。子供の掌握・動かし方は見事の一言につきました。私にもできない授業でし

た。学んだ点は次のことです。

〈1〉指導案が個性的で、西川先生の主張が出ている。

指導案を見るとその人の力量が分かります。他の実践をまねて形式的に書いているのがほとんどです。

ところが西川先生の授業の指導案には、西川先生が体育の授業をどうとらえ、どう考えて本時の授業が展開されたのかがよく出ていました。西川先生の主張が見られました。

その中に、向山先生からいただいた授業を見た感想の手紙が入っていました。

改めてそれを読み、向山先生の体育観、考え方のすばらしさに驚きました。体育を専門にやっている人間でも書けないものでした。特にリズムが大切であることを述べ、リズムを作るのは、笛よりタンバリン、タンバリンよりピアノの方がよいとあります。

体育の研究校を二五年も続けている学校の研究結果をズバリと述べているのです。『体育科教育』(大修館書店)の編集者が惚れるのも当然だと思いました。

西川先生の指導案でもう一つ感心したのは、本時の展開の中に発問、指示が具体的に書かれていることでした。しかも行動目標が書かれているので、即評価もできるようになっています。画期的な指導案でした。

〈2〉指示が的確で、小さな声でも子供がよく動く。

「あんな小さな声でよく子供が動くな」というくらい静かに指示していました。それを子供も的確に受け止め、活動していました。

私も多くの授業を見てきましたが、西川先生くらい静かに話をされて、子供がよく動いた授業は見たことがありません。

学級経営のよさ、子供と教師の信頼感、温かいふれあいが見られました。一朝一夕でできる授業ではなく、深いつみ重ねのある授業でした。しかも、子供の目の高さで話したり、三メートル以内に子供が集まってから話をされるという指導も見事でした。

〈3〉場作りが豊富にされ、運動量が十分に確保されている。

スピードアスレチックは、跳びなわ、肋木、平均台、跳び箱、ボール、マット、フラフープと多くの器具、用具を使われて学習が展開されました。

準備がすばやく五分間ですべて終わりました。後片付けも同じです。用具の出し入れがどれくらいでできるかを見ることによって、その学級の力量が分かります。

普通の先生は、大声をあげ怒鳴りながら行います。西川学級の子供たちは静かに、自然に行っていました。

スピードアスレチックは約八分間、コースをまわり、一周してきたらはんこを押すという形で行いました。

速い子は一分間とちょっとで一周していました。グループを三つに分け、はんこの数で勝敗を決めるというゲームにしたため、子供は熱中し、よく動きました。

場作りを工夫することにより、運動量が確保されたのです。

以上の点で私は西川先生の授業は、見事だったと思います。小さな声でも子供は動くものだということを実感しました。

「なぜ小さい声でも動くのか」それを分析するのが私の仕事です。そこにはある一つの法則が流れているはずです。原理があるはずです。それらを見つけ、私の授業に生かしていって初めて、私は西川先生から学んだことになります。

二　二つ目に学んだことは、学年集団のすばらしさです。

小方先生、向山先生、西川先生とそれぞれの力量のある先生が、がっちりとチームワークを組んで学年を経営されているのを知りました。すばらしさは次のとおりです。

〈1〉学年で研修会がもてる。

私は校内研修会に招かれたのではなく、学年研修会におじゃまをしたのです。学年で研修会を自主的にもてるというのは、私にとって驚きでした。しかも外部から人を呼んで行うことに。

それができるのは、学年の先生方が開かれているからです。お互いに他を認め、尊重しあい、よい授業をしたいという学年集団だからできるのです。

授業をするということは、自分をさらけ出すことです。勇気のいることです。それをされる方がいて、しかも支え、バックアップしてくださる先生方がいることは、すばらしい学年だと思います。

私も学年を組んだら、そういう学年研修ができるレベルになりたいと考えました。

〈2〉一人一人の先生が力量をもっている。

向山先生は当然として、小方先生、西川先生のお二人の先生も高い力量をもたれていることが分かりました。

西川先生が示された体育の授業を見ると、他の教科のお力も分かります。私は、体育の指導はむずかしいと考えています。遊ばせるのではなく、学習させるのはたいへんです。その体育をあれだけ見事にできるのですから、相当の力だと思います。

小方先生もお力があると感じました。授業後の話し合いでの御発言を聞いていますと、私がギクリとする本質的なところを話されました。

例えば、短なわで音楽を使った方がよかったのではないかとか、スピードアスレチックで正しい動きも必要ではなかったかとか、鋭い発言がありました。西川先生の指導案の中でも、小方先生の音楽の授業のすばらしさが書かれていました。

向山先生は申すまでもなく、力量のある方です。こんなに経験があり、しかも力のある先生方が学年を組んでいるのは、日本でも他にないのではないかと思います。こんな先生方が学年を組める、調布大塚小学校の水準は相当のものであると感じました。

〈3〉思考が柔軟で、とらわれない。

三人の先生方がさらにすばらしいと分かったのは、学校を出たあとでした。

研究協議が終わったあと、三人の先生に私の人生で出会ったことのない、深いおもてなしを受けました。

三人の先生方に共通しているのは、「よいものはよい」という柔軟なとらわれのないお考えでした。よいことならどんどん企画し実行していく、そういう実践をされていく先生方でした。

「よいものはよい」と評価し、見抜いていかれる眼力のある方と話すというのが、いかに楽しく充実したものかを認識いたしました。

一次会、二次会、三次会と楽しい時間はまたたくまに過ぎていきました。

もう二度とないであろうという出会いでした。「一期一会」という言葉がありますが、私にとっての人生における「一期一会」でした。すばらしい人間との出会いほど、幸せなものはないという経験をさせていただきました。

三　三つ目に学んだことは、向山先生のクラスの子供たちに会って、そのすばらしさに触れることができたことです。

西川先生の授業が始まる三分前、向山先生は、「せっかくいらっしゃったのですから、私のクラスにご案内します」と言われ、二年三組の教室に案内してくださいました。

私は内心嬉しくなり、二年三組の教室に入りました。その時の印象を書きます。教室にいたのは、一分間です。


〈1〉しっとりと落ち着き、全員が椅子に腰かけていた。

入った第一印象は、私のイメージとは全然違っていたものでした。私のイメージでは、活性化され活発な子供の姿でした。休み時間なので、教室で遊んでいるのかと考えていました。

それが入った瞬間、全員の子供が静かにすわっていたのです。しかも、私が今までに見たことのない、落ち着いた、しっとりとした雰囲気だったのです。私の学級はこうもしっとりとはしていませんでした。向山先生の力量に脱帽しました。その落ち着きは一日や二日で作られたものではありません。私も授業を一〇年以上やっていますので、子供の顔や雰囲気で分かります。

〈2〉一人一人が力をもち、表情が豊かであった。

次に私は、一人一人の子供の顔を見ていきました。実に豊かな、ふっくらとした表情をしていました。二年生にしては、体が大きく見えました。

それぞれの子供の個性が、美しい大きな花のように開いていました。内面に力を蓄積し、充実したものがにじみ出ていたのです。

一人の男の子と目が合いました。その子はキラリとした目で私を見つめ、にこっとしました。私もにこりとしました。

私は「こんにちは」と挨拶し、自己紹介をしました。子供たちからは、元気な挨拶が返ってきました。

どうしたらこんな子供たちが育つのだろうと、不思議に思いました。

〈3〉向山先生の指示は、短く的確であった。

私の自己紹介が終わると、向山先生は次のように話しました。

「根本先生は、西川先生の授業を見に来てくださいました。先生のいない間、本を読んでいてください。立って一回、窓か後ろの黒板に向かって一回、すわって一回読んでください。読み終わったら、教科書をノートに視写していてください」。それだけ向山先生が話されると、子供たちは全員黙って立ち、朗読を始めました。

無駄のない、実に的確な指示でした。

〈4〉子供に対する気配りが細やかであった。

指示の終わったあと、向山先生は本箱から二冊の国語の教科書を取り出しました。私はどうするのだろうかと不思議に思いました。すると、小走りに子供のところに行き、教科書を渡したのです。

忘れた子供をとっさに見付け、即座に処置されたわけです。その見事さに感動しました。時間にして一〇秒足らずの出来事でした。

次にあけてあった窓ガラスを全部しめ、うしろのドアをしめ、最後に教室を出ながら前のドアをしめました。

一分間の出来事をカメラのシャッターをきるように、頭の中に入れました。短かったせいか、一分間の出来事が鮮明に残っています。

以上の印象を通して、向山先生の日々の指導のすばらしさが分かりました。子供は正直です。口や文章ではごまかせても子供はごまかせません。一人一人の子供が、自分の力を十分に発揮し、個性豊かに生活していることが分かりました。

向山先生の実に細やかな指導を目の前で見せていただき、勉強になりました。調布大塚小学校参観を通して、私は多くのことを学ばせていただきました。

5　プロなら腕をみがくのは身銭を切って

そして研究授業およびまとめがすべて終了し、当時、私は次の学年通信を書いた。

《西川学級での学年研究会》

一、西川先生に相談をされた。

「根本先生をお呼びしての研究授業ができないかしら？」

千葉大附属小の根本正雄氏、帰国子女学級主任、体育主任である。教育雑誌に発表する論文は分かりやすく、水準が高く、いまや全国的に人気のある実践家である。

人気だけではない。実力もある。教育雑誌はいろいろとあるが、東西の横綱は「明治図書出版」と「小学館」である。この二つが群をぬいていて、その下には「三役級はない」といわれるほどである。数年前、小学館の雑誌で「研究実践論文コンクール」があった。全国からの応募者の中で一位が、根本正雄氏であった。

昨年、明治図書出版の雑誌で、「教育技術の法則化」論文の募集があった。その中で第一位入賞は、根本正雄氏であった。根本氏だけの論文で一冊を作ることになった。つまり、教育雑誌界の「明治図書出版」「小学館」の両方の論文募集で全国一位になったのである。その実力のほどが分かろう。現在三六歳、いずれ全国的に、「根本体育」を主張するような人になるだろう。

二、根本先生は、千葉大学の私の講義に出ている。講義をテープにとり、毎回の分を完全に復元してくださる。私とは親しい。そこで、校長先生、教頭先生、小方先生などとも相談して来ていただくことにした。但し、「学年研究」である。便宜ははかるが予算はとれない。

しかし、それで十分である。西川先生は、それから準備を始めた。私はほとんど黙っていた。

言ったのは一つ、『なぜそれをやるのか』『つまり何を学ばせるのか』自分で納得するように考えることだ。

三、そして、授業があった。その時の様子は、今までの「なあに」に詳しい。

私は何も言うことがなかった。授業中に、一回も怒鳴らず、それのみか大声も出さず、笛も一回も吹かず、静かな声で子供たちをさわやかに生き生きと指導するのである。誰にでもできることではない。

年季の入った教師の芸である。教師修業を真剣にした者のみが到達しうる境地なのである。

五年ほど前、初めて見せていただいた西川先生の授業に対して、「形式的で、ぎくしゃくしていて、でたらめです」と深く傷つける言葉を言って以来、今日までの西川先生の精進がうかがえた。事実、西川先生は研究授業も仕事も一つのグチも言わず、自分からすすんでやってきたのである。

四、ところで、今回の研究授業で西川先生は何を得たのだろうか。

それは、「身銭を切ってプロ修業をする」という構えである。

先の事情で謝礼などはない。自分で出すしかない。むろん事情を話せば、根本氏はタダで来てくれる。しかし、そんな風に甘えた研究ならしない方がいい。プロとして腕をみがくのに、金を使い時間を使うのは当然だ。西川先生は、ご自分で用意されたが、小方先生が「三人の研究だ」とおしとどめて三人で分担した。

その事情を後になって根本氏に知らせた。「これも根本先生に知ってもらいたいのでお知らせます。身銭を切っても来ていただきたかった三人の意志をおくみとりください。」

根本氏から「胸がつまりました」と返信があった。どのような事情の中でも、プロ修業は可能なのである。また、その時の障害と思えることも、後になれば「かえってそれがよかった」ということになるのである。

このように「実践研究」に意欲的な学年の教師集団。自分から「研究授業をやりたい」という教師。「身銭を切ってもプロ修業をする」教師の心構え。

私はこのような中にいて幸せと思った。人から見たら大変と思うかもしれないが、これほど楽しいことはないのだ。研究協議会終了後、根本氏を含めて四人で行った二次会、三次会、四次会。

根本氏は「こんなに楽しい酒は、人生で初めてです」と何度も言っていた。プロ教師になりたいと思い、教師の仕事にある私たちが、真剣な教師修業、プロ修業をしていて楽しくないわけがない。プロの教師を目指す教師たちは、こうやって知り合い、輪を作っていくのである。

第6章

保護者と絆を作る

1　保護者からの便り

子供たちは「よい子の手帳」という連絡帳を持っている。「なわとび進級表」「水泳の記録」「クラブ、委員会の記録」なども入っていて、子供たちの一年間の記録になっている。保護者からの便りもこの欄をとおして行われる。欠席届、連絡などもあるが、その時々の便りもある。授業参観後のその後も何通かの便りが届いた。

私のクラスの授業参観は、ほぼ全員の保護者が来る。教室はぎっしりとなる。保護者は「私たちまであてられそうで、ドキドキする」そうである。

たとえば、二月の授業参観は「言葉集め」だった。「キャ、キュ、キョ」のつく言葉（日本語）を集めていくのである。

ところで「ヒュ」で子供たちは止まってしまった。そんな時「お母さん方に、お聞きしましょうか」などと私は言うのである。「ヒュ」のつく日本語は二つしかない。けっこう大変な問題なのである（ついでに「ミュ」のつく日本語を読者諸賢もお考えいただきたい）。簡単そうに見えて、手ごわい問題である。

このように進めていくと、保護者もいつの間にか授業の中にひきずり込まれてしまうらしいのである。そんな授業参観があって、翌日は、千葉大の学生、大学院生、現職教師などを迎えての三時間ぶっ通しの研究会であった。

宇佐美寛氏、明石要一氏も研究室の学生、院生を連れて参観されていた。こんな時も、すぐに保護者からの便りはあった。

昨日とうとう最後の授業参観を迎えてしまいました。昨日は日本に二つしかない「ひゅ」と一つだけの「みゅ」の勉強をさせて頂き、一生忘れない授業参観となりました。懇談会では、一つ一つ大切なお話でした。私も西川先生のように一生懸命筆記しておけば良かったと後悔いたしました。

そして、今日の千葉大の方々、なんと五〇名もこの雨の中お集まりになったそうで、楽しかった授業の様子を息子が帰るなり報告してくれました。玄関で待っていた、Sくん、Aくん、Eくんの四人の前で、私が「あくびがでるほどおもしろい話」松岡享子作を読んで聞かせ、皆んなで笑い転げてしまいました。最高に楽しくて、きっと松岡さんは、とても明るい女性なのではないかしらと思いました。さっそく娘にも聞かせ、おかしく思った時にストップをかけ説明をさせたりして楽しみました。

五時間目が終わってから、女性の久保先生に息子が「答えてくれた時、とても嬉しかった。頭がいいですね」と言われたそうで、大変喜んでおりました。この寒い雨の中、遅くまで御苦労さまでした。五〇名の方々にも御礼申し上げます。

御成功おめでとうございました。

一五四ページの答「ひゅうひゅう」、「日向《ひゅうが》」、「大豆生田《おおまみゅうだ》」

2 「担任―母親」一年間

ところで、一番多く「よい子の手帳」をお書きいただいたのはTさんであった。「文章を書くのが大の苦手なのです」といつも言われていたが、気が付いたら「よい子の手帳」は二冊目になっていた。担任と母親の便りということで、参考になる部分も多いと思う。Tさんの了解を得たので（一部削除して）ご紹介したい。

五九年五月九日

昨日は、ありがとうございました。（注・学校で腹痛を起こした）

家に帰るとおなかが痛いのがうそのようになおったようです。「もう一度学校へ行ったら」と言いますと、「やだあーはずかしいから」と言って、我が家の常備薬を四粒ほど飲んで、午前中に御近所でいただいた、おせきはんをおかわりをして食べました。今日はだいじょうぶだと思います。

いつも忙しい先生にいろいろお世話いただきましてありがとうございました。これからもどうぞよろしくお願いします。

このごろ日記を毎日書いているようです。

夜になると「おかあさん、今日は何を書いていいか分かんない」と言います。「そんなこと人に聞いてから書くものではないわ、今日一日あったことを順番に書いていけばいいでしょう」と言いますと、「だってわたしは、いつも、同じことをだいたいやっているから、いつも同じ日記になってしまう」と言うのです。「それでいいじゃないの、毎日同じようでも、その日によって、特に心にのこったことや自分の思ったこと、いろいろあるでしょう」と言いますと、「じゃなんて書いたらいいの」と聞きます。ここまでくると、わたしもめんどくさいのでだまって、しらんふりをしていました。すると、二冊の辞書でいろいろな漢字を調べ始めました。一冊は、一年、二年、三年用の〝漢字はかせ〟、二冊目は〝小学国語辞典〟です。するといつも、同じように書いていた日記が少しちがって見えて来ました。本人も「おかあさん漢字っておもしろいね」と言い出しました。このごろは、日記を書く時は、辞書をそばにおいて、漢字を調べているようです。時々気を付けているのですが、漢字の書き順と、おくりがなをまちがえている時があるようです。でも注意されると、すぐになおしているようです。いつまで、つづくか、がんばってほしいです。

先生のはげましのことばが一番いいようですね。どうぞ、よろしくおねがいします。

〈向山〉お便りありがとうございました。「漢字の日記」のウラに、このようなエピソードがあろうとは、勉強になりました。

五九年五月二一日

先日は、ありがとうございました。

親子文集のおかげで、今度のクラス会がどのようになるのか今から楽しみです。

『教師修業十年』正直いいまして、もっと早く先生のご本を拝見すればよかったと思い後悔しました。もう夢中で読んでおります。ただいま、教育実習生の変革の所を読んでいます。ここは五回読みました。先に進むのも、もったいないし、この先も、早く読みたいし、もう複雑です。

時刻はAM二：〇〇、この続きは、明日にいたします。

さて、面談を申し込みます。

二八日(月曜日)以外でしたら、先生の御都合の良い日でお願い致します。娘の学校での様子を聞きたいと思います。よろしくお願い致します。三〇日のグループ懇談はIさんの御宅へ伺います。よろしくお願い致します。

〈向山〉お子さんがしばしば腹痛を訴えるので気になります。

私の「カン」ですが、生活が忙しすぎることが原因で神経性の腹痛（胃痛）を起こすのではないかと思うのです。自由で、のびやかに遊ぶ時間が不足すると、しばしばこうなるものです。つまり、一つの、子供からのシグナルなのです。軽視することはできません。

一度、ご家庭で、お子さんの毎日の生活、スケジュール等について話し合われてみてください。その際、お父さんの意見を七割ほど、お母さんの意見を三割ほど取り入れるのが、いいのではないかと思います。とりいそぎ、お知らせします。（一九八四・五・二六）

五月二七日
お手紙、読ませていただきました。
娘への行き届いた御配慮ありがとうございます。腹痛の原因ですが、たしかに先生の言われる生活がいそがしすぎるのも原因の一つだと思います。私も娘の腹痛はとても気になっていました。私の思いますには、
① 上の娘が足を痛めたために、家中の関心が彼女に向かったこと。
② 三週間ほど前から、子供たちの夜の生活が変わったこと。いままでは、私は子供た

ちといっしょの部屋で休んでおりました。

特に娘は、夜中に動きまわるので、抱きかかえて休みました。おはずかしい話ですが子供たちとはなかなか離れられませんでした。二年生になったらなんとかしようと思っておりました。ちょうど良い機会がありましたので三週間前ごろから別々になりました。今でも、子供たちは夜になると、「お母さんはいつ寝るの、いっしょに寝てちょうだい」と言います。時々いっしょにふとんに入って、お話をしたり本を読んだりしていますが、ここ二、三週間主人も、私も、仕事の打ち合わせやお客様と出かけることが多かったので子供たちに寂しい思いをさせていたのではないかと思っています。主人は、先生と同じ考えで、「子供たちをもっと自由にさせなさい、遊ばせなさい」と、いつも言っていました。今夜娘と話し合いました。自分の気持ちを日記に書いているようです。何でも一生懸命にやる子なのであの子の気のすむように、少し様子を見ようと思います。

テレビはほとんど見ません、土曜日に三〇分〜一時間と日曜日の午前中一時間ぐらいです。そろばんが週に四日あります。

〈一週間の予定〉

日　自由

月　あそび――そろばん（五時五〇分～六時四〇分）――食事――風呂――時間割・学校の支度――ふとんに入る（九時頃）

火　英語（三時二〇分～四時二〇分）――自由――食事――風呂――時間割・学校の支度――ふとんに入る（九時頃）

水　ピアノ（三時三〇分～五時）――そろばん（五時五〇分～六時四〇分）――食事――風呂――時間割・学校の支度――ふとんに入る（九時頃）

木　あそび――自由――食事――風呂――時間割・学校の支度――ふとんに入る（九時頃）

金　あそび――自由――そろばん（五時五〇分～六時四〇分）――食事――風呂――時間割・学校の支度――ふとんに入る（九時頃）

土　あそび――自由――そろばん（五時五〇分～六時四〇分）――食事――風呂――時間割・学校の支度――ふとんに入る（九時頃）

そろばん塾の時間がおそい組（五：五〇～六：四〇）なので学校から帰ると、「ただいま」と同時に、外へととび出て、五：〇〇ごろまで帰って来ません。友達の家に遊びに行った時は、かならずと言っていいほど途中から電話が入ります。「お母さん、今、〇〇くん、〇〇さんの家にいます。何時に帰ったらいいですか」といった調子です。まだまだ先生にお話ししたいことや、お聞かせしたいことがたくさんあります。

五月三一日の個人面談の時に、お話を、お聞きしたいと思っております。よろしくおねがい致します。本当にありがとうございました。

向山からの詳細な返信

先日お子さんが、「おなかがいたい」と、来た時のことです。それまでは、「トイレにいってごらんなさい」と言って、ひたいに手をあて熱を測っていました。

「まだ、いたい」と言う時は、保健室へ行かせていました(が、保健室でも、熱はなく、しばらく休むともとに戻っていたのです)。

その日は、ひざの上にだっこしました。

「どこがいたいのかなあ」と言って、手でさわりました。

下腹部ではなく、胃のあたりなのです。

「ここがいたいんだね。いつもいたくなるの」と顔をよせて耳もとで、聞きました。

「ウン、家でもこのごろ、いたくなる」と言うのです。

その時なのです。先日、お手紙に書いたことを思ったのは。

「そう。お家で、何をしているの？　先生に教えて」と聞きました。

身体をかかえて、ひざの上にだいて聞いたのです。

「あのね」と言って、出てきたことが、「おけいこ」と「勉強」のことだけでした。

「そう、〇〇ちゃん、がんばりやだもんね。えらいなあ」と言って、次に遊びのことを聞きました。

「あのね、遊べるのはね、何曜日の……時からなの、だけどね、……とに行ってからなの。……曜日はね、なかったから、〇〇ちゃんと遊んだの」

「そう」と言って聞いていました。今日のお母さんの手紙を見ると、自由に遊んでいるようですが、実はちがうと思います。

(1)　自由に遊べる　　(2)　いっぱい遊んでいる

この二つは、同じようで、ちがいます。

お子さんは私に、まず「スケジュール」のことを言ったのです。

確かに、遊ぶ時間はいっぱいあるのでしょう。私はお母さんのお人柄が分かりますから、遊ばせていると思います。しかし、二年生の本人は「スケジュールだらけ」と感じているようです。これは、理屈ではありません。いとけない、少女の実感なのです。しかも、彼女は、「いくつかのおけいこ」を喜んでいるようなのです。がんばりやの子ですから……。

しかし「身体」が拒否しているのです。いじらしいことです。

思い切って、すっぱりと「自由な時間」を与えてしまうこと、「スケジュール」は、今の半分くらい（おけいこのことですが）にすること、こんなことが、必要なのではないかと考えました。ご家庭のお考えもあることでしょう。

面談の折にでも……。

（このお母さんは聡明でスポーツ好きのほがらかな方である。子供の一日の日課を見ても分かるとおり、遊ぶ時間も十分にとってある。

ところが、子供の方は、スケジュールがいっぱいと感じてしまう。優秀な子で、敏感な子だからよけいそうなのだろうと思う。何事も打ちこんでしまうのである。教師とはむずかしいものだ。）

六月六日
長い間、お休みをしまして、申し訳ありません（病気で休んでいた）。おかげ様ですっかり元気になりました。
病院の先生も、月曜日ごろには行ってもいいですよ、と言って下さいましたが、二日ぐらい様子をみてからと思いまして、水曜日からということにしました。

本人は毎日学校のことばかり気にして、先日（土曜日）先生が、お店の前を通られた話をしましたら、

「なぜ、わたしを呼んで会わせてくれなかったのか、わたしだって、先生の顔が見たかったのに」と、泣かれて、こまってしまいました。

そのあと、すぐに先生に手紙を書いて封筒に入れてから、「お母さん、このお手紙、ポストに入れて来て下さい」と言われて、出して来ました。

内容は何が書いてあるのか気になりますね。そんなわけで、ほとんどお休みなしでいままで来ましたあの子にとって、この五日間は、良いおつかれ休みになりましたでしょうか。

夜、おふとんに入る前に娘の言った言葉は、

「あした学校に行けるね、お母さん。わたしのことわすれてないよね、お母さん。向山先生わらうかなあ。みんな、わらうかなあ。はずかしいからお母さんいっしょに学校へ行ってくれる……」

しばらくしてから、「やっぱり、Aちゃんと行く、ひるま約束したから……おやすみなさい……」

本当に、もう、この子はです。よろしくおねがい致します。

〈向山〉すっかり、みんなにとけこんでいました。体育は休ませました。給食は、半分残しました。朝礼のときニコニコしてました。

七月二日〈向山〉漢字テスト「見ました」の印が必要です。

七月三日

おいそがしいとは思いますが、クラス全員「見た」という印をいただいておりますのでお願いします。○○ちゃんは、「お母さんがいそがしくて、印をおしてくれない」と言っています。

七月三日

「ただいま」元気よく学校から帰って来ました。「今日ね、プールに入れたよ」と、とても楽しそうでした。

「おかえりなさい。日記先生に出したの、お母さんにも見せてね」と言いました。

「あ、わすれた、出してない」

「だめね、ちょっとカバンの中を見せて」と、中を見ると、ちゃんと入っていました。

「どうして出さなかったの」と聞きますと、

「わすれたから」

気になったので、カバンの中の、よいこの手帳を見ました。漢字のテスト「見ました」印が必要と書いてあるのでびっくり。

「どうして、お母さんに、学校から帰ってちゃんと話さなかったの」と言ったところ、「わすれた」と言うのです。

「それならどうして先生に、わすれましたと本当のことが言えなかったの」と言いますと、下をむいて、しばらく考えてから、小さな声で「先生にしかられると思ったから、先生がこわいと思ったから」と言いました。

「そうではないでしょう。向山先生は、本当のことを言ってもおこりません。先生は、あなたがうそをついていることも、ちゃんとわかっているし、一番きらいなことは、いいわけを言ったり、人のせいにすることだと思う、これからは、言ってはいけません、本当のことを言いましょうね」

そして「はい、わかりました、これから言いません」と、約束をしました。

私も大変反省しています。

あの子のこのごろの「わすれた」という言葉がとても気になります。

今年の五月、六月、七月と、お店が大変忙しく子供たちとあまり話をしておりません。特に六月はお店の決算でてんてこまい。子供たちも、私に気をつかってか、「お母さんは忙しい人だ」と思っているようです。子供たちのことは、どんなに忙しい時でも、一通り目を通していましたが、ここ一、二週間は、私が悪いのです。私の気のゆるみだと思います。本当に申し訳ございませんでした。

〈向山〉子供が言うことを黙って聞いてやることも、時には必要です。ただ、大人は、それを知っているということを、誰かが教えてあげなくてはならないので、今日の場合は、お母さんの役でした。教師と母親、いいチームワークだと思います。

3　死別・七夕・なみだ雨

教室では、さまざまなドラマが展開する。私とて人の子、語るに語れない時もある。以下、事実のみで列挙する。

(1)　学級通信　七月一一日号

七月六日、深夜一一時四七分、帰宅したら玄関脇の電話台にメモがあった。

Yさんのお父さんが亡くなられました。一二時までなら電話を下さい。Iさんより

・七月七日、登校したら教員室黒板に弔報があった。

本校児童の父親が昨夜事故で逝去されました。 つつしんで哀悼の意を表します。 通　夜　七月七日(土)午後七時〜八時

告別式　七月八日（日）午前九時～一〇時
T・Y　五年三組
K・Y　三年二組
H・Y　二年三組

本日、H・Y登校。

・校長、向山、三栖、佐竹、告別式に出席

・七月九日（月）Hさんからの「よい子の手帳」の便り

おはようございます。昨日は、あまりにも悲しい告別式でございました。同じ境遇にならなければ、本当の悲しみなどは分かってあげられるものではないと、やり切れぬ思いの一日でございました。

先生も、H・Yちゃんの顔を見て、さぞおつらかったこととお察し致します。

・七月一〇日（火）Yさんからの「よい子の手帳」の便り

先日は、主人の事故死ですっかり動転してしまいました。先生はじめ、大勢のお母様方の御弔問ありがとうございました。学校に伺ってお礼を申し上げなくてはなりませんですが、後片付け等、まだごたついていますので、紙上にてお礼申しあげます。

今日の保護者会の席をおかりして、くれぐれもよろしく皆様にお礼を申し上げてくださいますようお願い致します。

・七月一〇日（火）担任の返事

突然の知らせに私もびっくりいたしました。

私は、自分が中学一年、弟が小学校一年の時に、父を亡くしました。

子供三人をかかえて、これから大変とは思いますが、しかし、子供がいるからこそ助けられる時もきます。

お気持ちつよく、がんばって下さい。

H・Yさん、けっきょく忌引による欠席なし。全日、登校。

・七月九日(月)子供の日記

> O
> きょう、Hちゃんのお父さんのおそうしきにいった。雨がふっていた。
> 「なみだ雨というんだよ」とお母さんがいった。

(2) お母さんと交換日記　(子)H・Y↕(母)K・Y

八月二日(木)

(子)ママ、きょう、きょうようちえんでバレーボールをしたんだよ。わたしはつかれたよ。

ママはできる?　わたしはいっぱいできるよ。

ミー子はひっかいたりするけどかわいいね。白黒ネコににてるね。へんなかおだね。

でもかわいいね。みんなでがんばろうネ。


(母)今日も朝から、とてもあつかったけどあなたたちは、とても元気にあそんだネ。熱も下がったしよかった。バレーボールについては、〝チョット〟は出来るわョ。中学、高校のころはママネ、センシュだったんだから。もう少しあなたが大きくなったら、ママといっしょにやろうネ。

いっぱいおしごとをしてつかれちゃったネ。

あしたもいい一日でありますようにと、あなたたちのひたいにチュウしてやすみます。

おやすみなさい子供たち、ネコも。

八月四日(土)

(子)ミー子がうるさいっていってたね。ミー子は黒白にすごくにているね。ブスだね。おもしろいかおだね。

(母)〝ブス〟なんて言ったらかわいそうョ。あの子ネコのお母さんは〝のらねこ〟なのネ。エサも自分でさがしまわって、それで子ネコにオッパイをあげなくてはならないのです。

人間に水をかけられ、ぼうでたたかれたりして一生けんめいエサをさがしまわるために目もするどくなっているんです。だから、子ネコのミー子だけは、そんなきびしい目のネコになってほしくないので、みんなで守ってあげてやさしい顔つきのネコに育ててあげるようにしましょう。だってミー子は女の子なんだものね。

八月九日（木）

（子）ママ、きょうゆりちゃんとあそんでパズルをしたんだよ。トランプもした。ブロックもしたんだよ。あしたもあそぶの。ごごからだよ。えいがを見にいくんだって。

（母）ママたちも映画にさそわれたけど、パパ一人にして行くのがつらいから「いけない」とことわったんです。

もう少ししたらつれて行ってあげるからね。

（以上、父親を亡くした時から、母親との親子日記までである。こんな時、教師はつらいが、支えていかなくてはならない）

第7章

学校の会議も知的で建設的に

学校では毎日のように会議が行われる。しかし、あまり効率的ではない。時間の無駄だと思えるものもずいぶんある。長い間には莫大な時間を浪費することになる。「会議は現状の三分の一、一人の発言量も三分の一、提案は必ず文書でする」ことを守るだけで、教師の時間は本来のことに使えるようになる。会議をどうするかは、ぜひ身に付けなければならない能力である。私がどのようにしていたか、同僚の新牧氏は次のように書いている。

〈会議の原則とは何か〉

新牧　賢三郎

向山洋一氏が教務主任の時の原則

子供たちが帰ると、自動車のエンジン音や窓の下を通る人々の話し声、そして、風が窓を横切る音までも聞こえてくる。と、「定刻三分前です。一時五〇分より会議を始めます。教員室にお集まりください」

教務主任を務めている向山先生が流した放送である。会議が始まる数分前になるとかならず、このような放送を入れる。

原則一　会議が始まる時刻の三〜五分前に、全員を招集する放送を流す。

今まで、春を思わせる青い空をながめ、感傷にふけっていた気持ちがすっとんだ。ついでに、私もすっとんで教員室へ入る。ほとんど全員がそろっている。

それもそうだろう。定刻が来ると全員がそろっていなくとも会議は始まってしまう。

原則二　定刻どおりに会議を始める。

「きまりを守っている人が待たされるのはおかしい」と、以前、向山先生は説明していた。

会議の最初から参加しなければならないように追いこまれてしまう。

原則三　会議の冒頭に大切な議題をもってくる。

こうされると、何が何でも会議に遅刻できない。定刻に始まるということは時間のロスもなく、計画しやすい。決められた時刻に始まるのだから、いつ始まるのかとイライラして待つ必要がない。

年度末、昭和五九年度大田区立調布大塚小学校の教育課程編成会議は四日間を予定している。

全教職員から出された提案はA・B・Cの三つに分けられた。

A……提案

B……却下

C……分掌担当へ

以上のようである。ならば、却下される理由は何なのだろう。

> 原則四　次の項にあてはまる提案は却下する。
> ア　提案理由がないもの
> イ　根拠が十分でないもの

全体では論ずる必要のない提案は、各部（たとえば生活指導部や特別活動部）に回される。このように分けると、かなり、全体で審議する提案はしぼりこまれる。この、しぼりこまれた提案だけがプリントになるのかというと、そうではない。全職員から出された提案と意見はすべて文書で示している。

原則五　出された提案・意見はすべて文書で、全職員に示す。

また、示された文書の中には提案者の名前は書かれていない場合が多い。

原則六　提案者の名前を明記する。

普段の職員会議では提案者の名前が書かれている。

審議することは提案だけである。意見は提案を作る時に参考にされることであって、全体で審議することはない。つまり、はっきりと提案と意見に明確に区別されている。

原則七　提案と意見とを区別して取り扱う。

調布大塚小学校の提案は文書で行う。口頭でいくら論じても、向山先生に「それは提案ではありません。何でもけっこうですから書いたものを持ってきてください」と言われ、あの鋭く細い目でジロッとにらまれる。

原則八　提案は文書で行う。

提案文を書く時、初めは、実に勇気が必要だった。

「大塚子どもまつり」をしたい。

右のように書いて、いくら理由を付けても提案とみなさない。提案は、

「大塚子どもまつり」をする。

と、言い切らなくてはならない。

だから、日時を決めるために提案する時、

いつ、行ったらよいか。

ではなく、

(A)一月九日　一〜二校時

(B)一月一〇日　一〜二校時

以上のどちらかで行う。

と、する。提案文の語尾は言い切りの形にする。または、考えが複数ある時は、具体的にその考えを示し、その中から選択する。まったく白紙の状態で提案しない。

原則九　提案文の語尾は以下の形にする。
ア「～します」
イ「AかBか」

慣れてしまうと、この提案文で出された方が考えやすくてよい。しかし、慣れないうちは、こんなに言い切ってよいのか、と心配になってくる。

一九八四年当時、調布大塚小学校での水泳指導は一時間ずつ週三回の方法を取っていた。そこで、

プールの割りあて時間を、中学年以上、二時間続きと一時間にする。

と、いう提案をした。理由は、二時間にすると検定の時など、ゆっくり見てあげられるからである。

この提案をした時、灰色のスリーピースで身を包んだ巨体をよけい丸くして、にっこり笑い（この笑いが恐い。〝にっこり笑って人を切る〟の〝にっこり〟である）、「小学校教育の水泳指導の骨格は二五メートルを泳ぐことができる完泳率です。調布大塚小学校は他の学校と比較して、完泳率が低いとは思われません。高学年では、ほぼ一〇〇パーセントです。

二時間した方が完泳率がよくなるという具体的なデータをお示しください。あるいは、もっとよい指導ができるという具体的根拠をお示しください」

原則一〇　提案する根拠を具体的に示す。

「二時間の方が指導しやすいと思う」と、言っても理由にならない。具体的なデータで裏付けされていなければならない。私は、そこまで、確固たるものがあって提案したわけではない。〝具体的なデータ〟と言われるとぐうの音も出ない。

しかし、水泳指導を二時間と一時間にしたいという人は三分の一ぐらいいた。

そこで、「原則は今までどおり、一時間にし、二時間を行った学年は、指導の効果を記録し、そのデータを基に考える」という提案がなされた。

「データを取るのは二時間行った学年だけですか。一時間ずつ行った学年もデータを取るべきではないですか」という質問が出た。

またまた例の笑いをされて、向山先生が、「原則を変える方が根拠を示す必要があります。変更をする側に、責任が生じるのです」と、言われた。

原則一一　原則を変える提案には根拠を示す必要がある。

具体的な根拠を示すことができなかった。かくして、水泳指導を二時間と一時間にするという提案はつぶされた。かのように思えたが、保留になり、再提案された。数日後次の提案が向山先生から示された。

原則は今までどおり行う。

四年生以上は二時間続きを一コマにすることができる。

このように、ぜひ、やりたいという気持ちで提案すると、全面的に否定されない。何らかの形で、実現可能な方向を示してくれる。

原則一二　どうしても行いたいという提案を全面的に否定しない。

特に、若い人たちの提案はこれによくあてはまる。「若い時はジャジャ馬でいい。目上の人と、ぶつかってあたりまえだ。基本原則はゆずれないがそれ以外なら認めたい。若いときはうんとぶつかっていい。教えるのは先輩の役目だ」

こう向山先生は、はげましてくれた。調布大塚小学校では、とても意見が言いやすい。それは、

原則一三　会議は議論し合う場である。

このことを心得ているからだと思う。上司に気をつかわなくともよい。反対なら反対とはっきり言ってよい。なぜ反対なのかを述べればよい。この論争はおおいに行われる。意見がちがっても当然という雰囲気がある。

しかし、一度決定したら、グチは許されない。反対だから決定事項に従わない。このような暴挙は許されない。決定したことに対して、反対をいつまでも言っているのは、もう論争ではない。

原則一四　決定した事には従わなければならない。

決定された案は不動のものである。だからこそ、決定される前に、多くの議論をする必

要がある。決定された案が明確になっていると、守るべき事項は決定された案だけでよいことになる。つまり、決定されていない事項はすべて自由ということになる。

原則一五　決定されていない事項はすべて自由とみなされる。

基準が明確になっていればいるほど、それだけ自由も明確になってくる。だから、調布大塚小学校や（京浜サークルは）実に自由である。次のような提案がなされた。

林間学校の付き添いについて原則を作る。

現在でも「希望者から決める」という原則はある。この提案について質問が出された。「どのような内容の原則なのですか」当然の質問だと私は思った。提案者が質問に答えた。一瞬ざわついた。新しい原則の内容についての質問が出された。

その時、「ちょっと待ってください」と、大きな声で制して、向山先生は立った。

「議論すべきことがらがずれています。原則の内容をどう作るか、ではなく、今は、『現在の原則は不備である。だから新しい原則を作る』という提案です。『内容をどうするか』は提案されていません。提案されていることのみお決めください。現在の原則の不備が認められ、新しい原則を作るということになったら、その時点でどうするかを検討します。この原案ではそういう形でしか討論ができないのです」

その場は水をかけられたように静かになった。

原則一六　提案された事項だけを議論する。

原則を作るかどうかが論点なら、その内容は作ることが決まってから話し合うべきである。と、向山先生は考えている。

月目標を変更するという〝意見〟があった。新しい月目標と週目標を文書で示した。その意見は昨日まで、〝提案〟だった。しかし、提案者は向山先生のにらみに自ら提案としないで意見とした（ように私には思えた）。

「眠る前から頭の中にチラチラしていた」と、言うほど、めずらしく向山先生はエキサイトしていた。「思いつきの提案だし、原則を無視している。今まで積みかさねてきたものを無視して提案するとは何事だ」

後に、そのように向山先生は言われた。

原則一七　今まで、積みかさねてきた会議の決定事項を無視してはならない。

週目標に関しては、〝大塚の教育〟に過去六年間のものがすべて記載されている。一二〇項目である。毎週、週目標を決める時はこれを参考にする。一番利用する回数が多いところでもある。

これはまさしく教師の共有財産である。これを削除して「目標例」を入れるという案であった。何年もの積み上げげを無視した意見なので、向山先生は怒っていたのだと思う。会議中に、内職をする人が一人いた。机の整とんとかファイルである。もう会議も終わりだと判断したからだと思うが、その先生は提出されたプリントを束ね、緑色のパンチで穴を開け始めた。「ガチャン。ガチャン」

そのような時、すかさず、「先生、手をお休めください」と、静かな向山先生の声がとぶ。しかも、まずいことに、その時の発表者が向山先生であった。

原則一八　会議中の手仕事はつつしむ。（採点などをする人は一人もいない）

音を立てなければ発表者のじゃまにならないからよいのではないか、という考え方もあるが、後で、自分が苦しくなる。調布大塚小では会議で決まったことは、それは全部伝達されたと見なされる。後で、いくら、「聞いていませんでした」「知りませんでした」と、さわいでも何もならない。

原則一九　聞きもらし等は本人の責任である。

だから、会議を出張等で欠席をした場合、かならず議事録に目を通しておく必要がある。さて、教育課程編成会議は時間のかかるものである。と、思っていた。夜おそくまでやる学校も多い。しかし、調布大塚小学校では、教育課程編成会議でさえ午後四時に終了する。

原則二〇　会議は予定時刻に終了する。

だから、非常に予定を立てやすい。予定された時刻に始まり、予定された時刻に終わるのだから。結局、昭和五九年度調布大塚小学校教育課程編成会議は、第一日目　午後四時まで、第二日目　午後三時三〇分まで、第三日目　午後三時三〇分まで、の三日間ですべてを終了した。

以上は、向山先生が教務主任、中島氏が校長時代のものである。中心になる人が変われば、様子は変化する。

解説

「授業」「教育課程」プロ教師になるための示唆を与えてくれる手引書

室蘭市立旭ヶ丘小学校　千葉康弘

向山氏は、プロの教師の条件として

すばらしい授業をすること 教育課程を編成できること

の二つを挙げている。（※1）

向山氏自らの実践でこれを証明しているのが本書である。

本書が書かれた年、初めての二年生担任となった向山洋一氏は、「教務主任として調布大塚小学校『大塚の教育』の作成」「NHKテレビ社会科番組」「千葉大学での教育課程・教育方法演習の講座」「有田和正氏との立ち合い授業」「教育技術法則化運動代表」、そして、「五つの雑誌連載と一〇冊の著書出版」、さらには、理科の校内研究で「豆電球」の授業実践と授業記録を残すなど、膨大な仕事量をこなしている。向山氏四十歳の時である。想像するだけでも倒れそうなほどの仕事量であるが、向山氏にとっては「半分くらい時間があいている実感」なのだそうだ。氏は、どのようにして仕事をこなしていたのか、興味津々であり、ヒントをつかもうと繰り返し本書を読んだ。そして、私なりに見つけたのが

本質をつかむ

ことの重要性である。

向山氏は、初めての二年生担任となって、理科の教科書を開き、頭の中で、一年間の学習内容を

一言で言うと

「自然とたわむれなさい」であるとまとめている。同様に、社会科も「はたらく人々」と一言でまとめている。こうした各教科の「本質」を「一言でまとめる」ことで、二年生で

学習すべき内容をあぶり出し、それを中核に据えた単元計画や授業計画を立てていったのだろうと思われる。

たとえば、理科のアリの授業では、「先日は、校庭でアリと遊びました。遊ぶことおよそ三〇分」とあり、思い切り「自然とたわむれる」活動を取り入れている。また、豆電球の授業(※2)の授業記録でも同様な活動の様子が見られる。教科の「本質」を年度初めにつかんでいるからこそ、指導すべき内容を確実に指導しながら、ダイナミックで楽しく、かつ、知的であり、質の高い授業計画を立て、実践していくことができるのである。

教育課程の編成に関わっては、会議の原則について書かれている。向山氏は、非効率的で、時間の無駄が多かった会議を改善するために、

> 会議時間は現状の三分の一、一人の発言量も三分の一、提案は必ず文書でする

と、対策を述べている。この運営方針のもと進められた職員会議の原則を、向山氏の同僚であった新牧氏が二十にまとめている。どの項目も会議運営の基本であるが、すべてを

実行するのは容易ではない。例えば「定刻どおりに会議を始める」で考えてみる。自分が司会となり、まだ全員が揃っていない段階で「開始します」と言い切って始めようとすると、「まだ来ていない人がいます。」などと苦情が入るだろう。それでも「定刻ですから」と言い切り開始するためには、日々の実績や実践に支えられた強い意志が必要である。また、「会議は予定時刻に終了する」ためには、会議を準備・進行するマネージメント能力が必要である。

本書では会議の運営の原則についてのみ書かれているが、こうした会議運営が曖昧でいいかげんであれば、編成した教育課程を「実施・運営」していくことは難しい。実際に教務主任となり、学校運営に携わる立場となったとき、「実践」と「企画運営力」の両輪で進めていくことが大事であると、強く実感した。

本書は、「一年の授業・一年の学級経営」について書かれたものであるが、プロの教師の二つの条件を意識して読んでいくと、とても学びが多く、これからの教師人生を考える上で示唆を与えてくれる内容である。

（※1）TOSSメディア「向山の授業理論028」（※2）向山洋一年齢別実践記録集第23巻

今よりももっとかわいい子どもの世界。それが見える日がやってくるように学び続ける

静岡市立小学校　手塚美和

Ｉ　たまらなくかわいい子どもたち

「小さな子は、実にかわいいものです。怒鳴る必要なんか全くありません。」

向山先生のこの言葉どおり、「二年生、その小さな小さな世界」には、たまらなくかわいい子どもたちが描かれる。

しかし、それは、向山氏の目に映る子どもの姿であり、向山氏の耳に聞こえる子どもの声である。

以前、給食をポロポロとこぼす子どもへの指導をどうしたらよいのかと紙上で向山氏に質問される先生がいた。私は、質問する教師の気持ちがよくわかった。

向山氏は、「そういう子をどうして愛おしいと思わないのでしょうか。自分ならば机の下にもぐって一緒に片付けてあげます」というような返事をした。「どうして愛おしいと思わないのか」という言葉に、当時、頭をガツンと殴られるような衝撃を受けたことをハッキリと覚えている。

向山氏には愛おしく見えるのに、私には見えない。向山氏と対極にいる自分の冷たさが恥ずかしくてたまらなかった。子どもを愛おしいと思う気持ちを、自分はどこに置いてきてしまっていたのだろうか。

それから十数年が経った。様々な優れた教育技術を学んだ。気づいたら、あのころよりも、子どもたちを愛おしく感じる時間がぐんと増えた。今なら、給食をポロポロとこぼす子どもを愛おしく感じる。

それでも、まだ、この本に書かれている子ども達のかわいらしさの何十分の一も、私には見えてはいない。一度でいいから、向山氏になって子どもの姿を見てみたい。そうして自分の脳にその姿を刻み付けたい。当たり前だが、どうしたって叶わないことだ。でも、努力の方向はわかる。もっともっと真摯に学ぶことだ。優れた技術が自分のものになるように真摯に学び、その技術の背景にある思想を体感する。きっと、今より、かわいい姿が見えるように、そのかわいい声が聞こえるようになるに違いない。

2　のびやかで、知性あふれる教師集団

「大切に、知性的に、人間らしく育てていただけたらと思います。」向山氏は二年生のこ

とを言っているが、教師もまた、大切に、知性的に育てられていると思った。

二年部の先生方は、とても知性的でのびのびとしている。さすが、「自由で、明るく、率直で、ユーモアがある」研究集団調布大塚小学校だ。向山節はもちろん、西川節、小方節もそれぞれに個性豊かで素敵だ。お会いしたことがないのに、とても親しみを感じてしまう。

西川氏が書いた二回目の「あのね」には、あろうことか向山氏や大大大先輩の小方氏に向かって「ヤッホッホー。(中略)私と同じ程度の間違いをする」と書いてあった。目が飛び出そうになる。

そして、向山氏は、パーティーのお便りに「(もちろん反対の方もおられるでしょう。しかし、これは夏休みの自由参加の行事です。反対の方は、そっとご欠席下さい)(いや、黙ってご出席ください)」と書いている。ああ、なんてのびやかなのだろう。

日々、一人ひとりの教師が自由にのびやかに仕事をしているのだろう。自由にすると仕事をさぼるという発想から次々に規制を受けることがある。しかし、多くの場合、規制を受けるほどにやる気が削がれる。

調布大塚小学校には、自由でのびやかにできる学校としてのすばらしいしくみもあったに違いない。

自由でのびやかな空気の中、西川氏は、自主的に研究授業に取り組んでいた。

五年前に向山氏からの厳しい授業批評の手紙を受け取ったという。それに対し「それまでの教師生活の中で最も驚き、感激したこの手紙は、私の姿勢を大きく変えた。」と語っている。それから五年間、向山氏に年季の入ったすばらしい教師の芸だと言わせるまでになった。それだけの努力を積み重ねたからだ。なんと知性的で、素敵な女教師だろうか。

3　大切に、知性的に、人間らしく育てることができる教師に

向山氏の西川氏への批評を読みながら、ドキドキした。西川氏が考えていたよい授業の条件一～七を私も追い求めてしまうからだ。子どもが教師の言うことを素直に聞き、安全で、協力しあう授業。多くの女教師が陥りがちな授業ではないだろうか。

向山氏の「美意識の高い授業」を教師向けではあったが、実際に見たことがある。本当に美しかった。

子どもを大切に、知性的に、人間らしく育てることができる教師を目指し、あきらめることなく研鑽を積んでいこうと決意した。

学芸みらい教育新書 ❾

小《しょう》学《がく》二《に》年《ねん》学《がつ》級《きゆう》経《けい》営《えい》
大《おお》きな手《て》と小《ちい》さな手《て》をつないで

2016年1月15日　初版発行

著　者　向《むこう》山《やま》洋《よう》一《いち》

発行者　青木誠一郎

発行所　株式会社学芸みらい社
〒162-0833 東京都新宿区箪笥町31 箪笥町SKビル
電話番号 03-5227-1266
http://gakugeimirai.jp/
E-mail：info@gakugeimirai.jp

印刷所・製本所　藤原印刷株式会社

ブックデザイン・本文組版　エディプレッション（吉久隆志・古川美佐）

落丁・乱丁は弊社宛にお送りください。送料弊社負担でお取替えいたします。

ISBN978-4-908637-01-8 C3237

授業の新法則化シリーズ（全リスト）

書　名	ISBN コード	本体価格	税込価格
「国語」　～基礎基本編～	978-4-905374-47-3 C3037	1,600円	1,728円
「国語」　～1年生編～	978-4-905374-48-0 C3037	1,600円	1,728円
「国語」　～2年生編～	978-4-905374-49-7 C3037	1,600円	1,728円
「国語」　～3年生編～	978-4-905374-50-3 C3037	1,600円	1,728円
「国語」　～4年生編～	978-4-905374-51-0 C3037	1,600円	1,728円
「国語」　～5年生編～	978-4-905374-52-7 C3037	1,600円	1,728円
「国語」　～6年生編～	978-4-905374-53-4 C3037	1,600円	1,728円
「算数」　～1年生編～	978-4-905374-54-1 C3037	1,600円	1,728円
「算数」　～2年生編～	978-4-905374-55-8 C3037	1,600円	1,728円
「算数」　～3年生編～	978-4-905374-56-5 C3037	1,600円	1,728円
「算数」　～4年生編～	978-4-905374-57-2 C3037	1,600円	1,728円
「算数」　～5年生編～	978-4-905374-58-9 C3037	1,600円	1,728円
「算数」　～6年生編～	978-4-905374-59-6 C3037	1,600円	1,728円
「理科」　～3・4年生編～	978-4-905374-64-0 C3037	2,200円	2,376円
「理科」　～5年生編～	978-4-905374-65-7 C3037	2,200円	2,376円
「理科」　～6年生編～	978-4-905374-66-4 C3037	2,200円	2,376円
「社会」　～3・4年生編～	978-4-905374-68-8 C3037	1,600円	1,728円
「社会」　～5年生編～	978-4-905374-69-5 C3037	1,600円	1,728円
「社会」　～6年生編～	978-4-905374-70-1 C3037	1,600円	1,728円
「図画美術」　～基礎基本編～	978-4-905374-60-2 C3037	2,200円	2,376円
「図画美術」　～題材編～	978-4-905374-61-9 C3037	2,200円	2,376円
「体育」　～基礎基本編～	978-4-905374-71-8 C3037	1,600円	1,728円
「体育」　～低学年編～	978-4-905374-72-5 C3037	1,600円	1,728円
「体育」　～中学年編～	978-4-905374-73-2 C3037	1,600円	1,728円
「体育」　～高学年編～	978-4-905374-74-9 C3037	1,600円	1,728円
「音楽」	978-4-905374-67-1 C3037	1,600円	1,728円
「道徳」	978-4-905374-62-6 C3037	1,600円	1,728円
「外国語活動」（英語）	978-4-905374-63-3 C3037	2,500円	2,700円

株式会社 学芸みらい社（担当：横山）
〒162-0833 東京都新宿区箪笥町31 箪笥町SKビル
TEL:03-6265-0109（営業直通） FAX:03-5227-1267
http://www.gakugeimirai.jp/
E-mail：info@gakugeimirai.jp